청년공동체 바로세우기 | 로마서
(인도자 지침서)

청년공동체 바로세우기 | 로마서(인도자)

초판 1쇄 인쇄 | 2024. 10. 10
초판 1쇄 발행 | 2024. 10. 10
지은이 | 김상권
펴낸이 | 정신일
펴낸곳 | 크리스천리더
편 집 | 홍소희
교 정 | 성주희
일부총판 | 생명의 말씀사 (02) 3159-7979
등 록 | 제 2-2727호(1999. 9.30)
주 소 | 부천시 소사구 송내동 464-1 제일빌딩 6층
전 화 | (032) 342-1979
팩 스 | (032) 343-3567
도서 출간 상담 | E-mail:chmbit@hanmail.net
Homepage | cjesus.co.kr

ISBN : 978-89-6594-367-9 (03230)

정가 : 9,500원

더 이상 미룰 수 없는 한국교회 다음 세대를 세우는 마지막 대안, 청년공동체 바로 세우기 프로젝트

청년공동체 바로 세우기

청년공동체 바로세우기 인도자용

로마서에 등장하는 **청년 이슈 다루기 프로젝트**

김상권 목사

[로마서]

>>> Romans Project >>>

성령으로 인도하심을 받는 자들은 하나님의 자녀요, 상속자다(14,17절). '무서워하는 종의 영'이란 '정서적으로 속박과 공포심으로 이끄는 종의 영'이라는 뜻이다(15절). 우리는 양자의 영을 받아 하나님을 '아빠 아버지'라 부를 수 있게 되었다. '아빠 아버지여'라는 말은 '아버지, 아버지여'라는 뜻으로, 자녀가 아버지의 도움과 보호가 필요하여 간절히 부르짖는 모습을 묘사한 표현이다. '상속자'는 '그리스도와 함께한 상속자'로 '공동 상속자'라는 의미다(17절). 성도는 그리스도와 함께 영광을 상속받지만, 이 땅의 고난에도 함께 참여하게 된다. 그리스도와 함께하는 것은 영광과 고난을 함께 받는 것을 의미한다.

CLS 크리스천리더

청년 공동체 바로 세우기를 위한 소그룹 사역 전략

청년 공동체 바로 세우기 소그룹 사역 전략은 총 다섯 가지의 전략을 가지고 각 청년 공동체에 맞게 조율 수립하여 각 공동체가 커리큘럼과 양육 체계를 가지고, 실질적인 영적 성숙의 가시화를 목표로 하는 청년 공동체 소그룹 사역 전문 매뉴얼입니다. 구체적인 세부안은 『청년 실종 공동체성으로 공략하라』(크리스천리더)를 참고하세요.

1. 공동체성 진단하기

1) 사역 현장의 양육, 예배, 교제, 전도 기능을 대표하는 사역들이 공동체성에 미치는 영향을 5점 척도로 회원들에게 체크하도록 한다.
2) 상대적으로 부족하다고 생각되는 부분을 함양하기 위한 사역을 점검하고 수정과 보완을 실시한다.
3) 정기적으로 진단하여 공동체성 함양을 파악한다.

(예시)

공동체성		양육 기능	예배 기능	교제 기능	전도 기능	소계
사 역		( )	( )	( )	( )	
관계적 속성	친밀한 상호작용과 영향	0 1 2 3 4	0 1 2 3 4	0 1 2 3 4	0 1 2 3 4	
	공동 목적 추구 행위	0 1 2 3 4	0 1 2 3 4	0 1 2 3 4	0 1 2 3 4	
	전인격적 관계	0 1 2 3 4	0 1 2 3 4	0 1 2 3 4	0 1 2 3 4	
	공동체 참여	0 1 2 3 4	0 1 2 3 4	0 1 2 3 4	0 1 2 3 4	
	공동 가치와 규범의 공유	0 1 2 3 4	0 1 2 3 4	0 1 2 3 4	0 1 2 3 4	
소 계						
정서적 속성	정서적 공감과 일치	0 1 2 3 4	0 1 2 3 4	0 1 2 3 4	0 1 2 3 4	
	개인과 공동체의 유익 일치	0 1 2 3 4	0 1 2 3 4	0 1 2 3 4	0 1 2 3 4	
	심리적 욕구의 통합과 충족	0 1 2 3 4	0 1 2 3 4	0 1 2 3 4	0 1 2 3 4	
	공동체 지향 본연 의지	0 1 2 3 4	0 1 2 3 4	0 1 2 3 4	0 1 2 3 4	
	의식적 소속감	0 1 2 3 4	0 1 2 3 4	0 1 2 3 4	0 1 2 3 4	
소 계						
물리적 속성	지리적 근접성	0 1 2 3 4	0 1 2 3 4	0 1 2 3 4	0 1 2 3 4	
	시간과 공간의 유사성	0 1 2 3 4	0 1 2 3 4	0 1 2 3 4	0 1 2 3 4	
	공동체 환경의 특성	0 1 2 3 4	0 1 2 3 4	0 1 2 3 4	0 1 2 3 4	
	사회적 단일성	0 1 2 3 4	0 1 2 3 4	0 1 2 3 4	0 1 2 3 4	
	공통된 문화의 공유	0 1 2 3 4	0 1 2 3 4	0 1 2 3 4	0 1 2 3 4	
소 계						
총 계						

2. 핵심가치 공유하기

1) 공동체성은 교회 부흥과 쇠퇴의 핵심적 요인이다.

2) 공동체성은 소그룹 사역에서 효과적으로 함양될 수 있다.

3) 소그룹은 예배, 양육, 전도, 교제의 기능을 강화할 때 활성화된다.

4) 1년을 4달씩 한 텀(Term)으로 묶어 소그룹 커리큘럼을 세우고 공동체에 적용한다.

(예시)

<table>
<tr><th>연차</th><th>필수 과정
(1~4월)</th><th>암송구절</th><th>선택 과정
(5~8월)</th><th>필수 과정
(9~12월)</th><th>암송구절</th></tr>
<tr><td>6년차</td><td>룻기</td><td>1. 내주하시는 성령(갈 4:6)
2. 통치하시는 성령(갈 5:16)
3. 계시하시는 성령(요 14:26)
4. 능력 주시는 성령(고전 2:4,5)</td><td rowspan="6">☞ 그리스도인 되기
☞ 기독교 세계관
☞ 거친 형상과 내적 치유
☞ 하나님 음성을 듣는 법
☞ 이성 교제와 결혼 준비
☞ 경배와 찬양
☞ 비전과 소명
☞ 기도 학교
☞ 부모와 가정 사역
☞ 직장과 신앙
☞ 고난과 시험
☞ 감정 다루기
☞ 영성 훈련
☞ 캠퍼스 생활
☞ 대인관계와 커뮤니케이션
☞ 선교와 선교적 삶
☞ 이단 연구
☞ 대중문화와 기독교
☞ 하나님의 이름
☞ 기독교 교리 입문
☞ 그리스도인의 물질관
☞ 교회론과 실제
☞ 종말론과 실제
☞ 구원론과 실제
☞ 기독론과 실제
☞ 신론과 실제
☞ 기질과 은사 개발</td><td>야고보서</td><td>1. 용서함(엡 4:32)
2. 오래 참음(엡 4:2)
3 . 분노를 다스림(엡 4:26)
4. 악의를 버림(엡 4:31)</td></tr>
<tr><td>5년차</td><td>느헤미야</td><td>1. 믿음(히 11:6)
2. 선행(갈 6:9,10)
3. 경청함(약 1:19)
4. 책망을 받아들임(잠 9:8,9)</td><td>갈라디아서</td><td>1. 생각의 습관(빌 4:8)
2. 마음의 습관(눅 6:45)
3. 말의 습관(엡 4:29)
4. 행동의 습관(살전 5:22)</td></tr>
<tr><td>4년차</td><td>사사기</td><td>1. 공급(롬 8:32)
2. 유혹에서 도우심(시 119:9,11)
3. 교제(마 18:20)
4. 증거(롬 1:16)</td><td>요한복음</td><td>1. 사랑(요일 3:18)
2. 겸손(벧전 5:5,6)
3. 순결(엡 5:3)
4. 정직(행 24:16)</td></tr>
<tr><td>3년차</td><td>여호수아</td><td>1. 구원의 확신(요 5:24)
2. 예수를 첫자리에 모심(마 6:33)
3. 죄에서 떠남(롬 12:2)
4. 견고함(고전 15:58)</td><td>빌립보서</td><td>1. 성령(고전 3:16)
2. 능력(사 41:10)
3. 성실(애 3:22,23)
4. 평안(사 26:3)</td></tr>
<tr><td>2년차</td><td>말라기</td><td>1. 중심 되신 그리스도(갈 2:20)
2. 그리스도께 순종(요 14:21)
3. 말씀(딤후 3:16)
4. 기도(요 15:7)</td><td>누가복음</td><td>1. 모든 이가 죄를 범함(롬 3:23)
2. 죄의 형벌(롬 6:23)
3. 그리스도가 형벌 받음(롬 5:8)
4. 그리스도를 영접해야 함(요 1:12)</td></tr>
<tr><td>1년차</td><td>창세기</td><td>1. 말씀에 의한 생활(행 20:32)
2. 성령에 의한 생활(롬 8:14)
3. 믿음에 의한 생활(고후 5:7)
4. 사랑에 의한 생활(요일 4:11)</td><td>에베소서</td><td>1. 구원의 확신(요일 5:11,12)
2. 기도응답의 확신(요 16:24)
3. 승리의 확신(고전 10:13)
4. 사죄의. 확신(요일 1:9)</td></tr>
</table>

3. 양육 체계 확립하기

1) 모든 회원을 신앙의 성숙도에 따라 4 Step으로 분류한다.

2) 한 Term에 One Step-up을 목적으로 하여 양육하고 섬기는 사역을 실시한다.

3) Step-up이 이루어지지 않았을 때는 다음 Term에 다시 시도한다.

4) Step-up은 매 Term 시작 시점마다 점검하여 Step-up을 위한 소그룹 사역을 병행한다.

Step	부서 프로그램	소그룹 중점사항	Step 정의
Step 4 헌신자	제자훈련 소그룹 모임 리더 모임	리더 비전 나누기 사역팀 합류 소그룹원 챙기기	1. 삶이나 시간을 하나님께 드리려는 자 2.성숙을 위해 훈련 받는 자 3. 의미 있는 일을 위해 쓰임받기 원하는 자
Step 3 예배자	새가족반 젊은이예배 또래 모임	삶 나눔 집중 일일 리더 하기 인턴 리더로 세우기	1. 정기적으로 참여하여 예배를 드리는 자 2.예배에 대한 기대와 간증이 있는 자 3.말씀을 듣는 자세가 좋은 자
Step 2 참석자	소그룹 초청 전도축제 캠퍼스 모임	삶 나눔 집중 일일 리더 하기 인턴 리더로 세우기	1. 불규칙적으로 예배에 참석하는 자 2.하나님을 인격적으로 만나지 못한 자 3.소그룹 모임에 참석하지 않는 자
Step 1 관심자		주일예배 동석 친구 매주 주중 접촉 모든 모임 초청	1. 친구 따라 교회에 한 번 와본 자 2. 기독교와 신앙에 대해 관심 있는 자 3. 전도하기로 작정한 전도 대상자

4. 운영지침 반복하기

1) 공동체성에 영향을 주는 소그룹의 기능별로 두 가지 정도의 운영 지침을 마련하여 계속해서 반복한다.

2) 각 운영지침에 대한 세부안을 준비하여 강의와 실습 형식으로 매 Term마다 반복하게 한다.

소그룹 기능	분 류	기능 강화를 위한 운영 지침
양육	귀납적(Inductive)	귀납적으로 성경공부를 인도하라
	대화(Communication)	대화를 통해 마음을 열라
예배	기회(Opportunity)	소그룹 예배에 참여할 기회를 주라
	분위기(Atmosphere)	개방적이고 용납적인 분위기를 만들라
교제	사람(Individual)	사람 중심의 소그룹 교제를 유도하라
	갈등(Trouble)	갈등을 효과적으로 관리하라
전도	기도(Prayer)	기도로 성령의 인도하심을 구하라
	목적(Purpose)	목적 지향적 소그룹이 되게 하라

5. 소그룹 리더 양육하기

1) 리더 양육 커리큘럼을 구체적으로 정하여 재교육하는 시스템을 구축한다.

2) 지속적으로 가르치고 실습하게 하되, 다양한 범주 안에서 치우치지 않도록 실시한다.

회 기	양육 커리큘럼	비 고
1st Term (1~4월)	목적 지향적 소그룹 만들기(6주) 리더 친목회(1일) 기질과 은사(4주) 리더 수련회(1박)	리더 훈련 공동체 훈련 제자 훈련 집중 훈련
2nd Term (5~8월)	귀납적 성경공부의 이론과 실제(4주) 리더 친목회(1일) 두려움 없이 사는 법(6주) 리더 수련회(1박)	리더 훈련 공동체 훈련 제자 훈련 집중 훈련
3rd Term (9~12월)	대인관계와 인간 이해(4주) 리더 친목회(1일) 하나님 마음에 합한 사람(6주) 리더 수련회(1박)	리더 훈련 공동체 훈련 제자 훈련 집중 훈련

『로마서』 교재 개발 지침

1. 각 과의 목적을 분명하게 드러내고 있는가?
2. 관찰, 해석, 적용, 실천 영역들이 골고루 반영되었는가?
3. 각 질문은 삶을 터치할 수 있는 질문들인가?
4. 귀납적으로 소그룹원들의 생각과 삶을 돌아보게 하는 질문인가?
5. 열린 질문('예', '아니오'로 답할 수 없는 질문)인가?
6. 처음부터 끝까지 그 진행이 부드럽고 매끄러운가?
7. 분명하고 확실한 질문인가?
8. 형식적으로 들어간 질문은 없는가?
9. 청년들에게 신선함을 주는 디자인과 내용인가?
10. 연구와 묵고(默考)를 거치면 객관적으로 답할 수 있는 질문들인가?
11. 소그룹 안에서의 협동 학습을 실행할 수 있도록 짜여 있는가?
12. 소그룹 인도자가 충분히 준비할 수 있는 시스템과 자료가 지원되고 있는가?
13. 소그룹 인도자가 각 과의 핵심가치를 분명히 알 수 있게 하는 시스템이 준비되었는가?
14. 소그룹 인도자의 공과 진행을 자신과 지도자가 파악할 수 있는 구조는 마련되었는가?

Contents

1과

복음에 대한 인식

로마서 1장 1~32절

모든 사람은 자신에 대한 정체성을 가지고 있다.
자기 정체성은 자신을 위로하고 용기를 주기도 하지만,
어떤 경우에는 낙심하게 하고 절망하게 하기도 한다.
어떤 자기 정체성을 가지느냐가
세상을 살아가는 데 있어 보이지 않는 원동력이다.
로마서에는 자기 정체성을 복음에 미친 사람으로 규정하는 사람이 있다.
그는 복음에 빚을 졌다고 하는 사도 바울이다.
그가 이렇게 인식하게 된 이유는
첫 번째는 구원의 동기 때문이고,
두 번째는 선교적 동기 때문이고,
세 번째는 구원받은 자의 삶을 제시하기 위한 동기 때문이다.
바울의 자기 인식 속에는
복음에 대한 강력한 인식이 숨어 있다.
비록 숱한 고난이 있었지만,
그리도 행복하게 살았던 복음에 미친 자를 통해
우리가 가져야 하는 자기 정체성은 무엇일지 생각해 보자.

말씀암송 | 로마서 1장 16절

내가 복음을 부끄러워하지 아니하노니 이 복음은 모든 믿는 자에게 구원을 주시는 하나님의 능력이 됨이라 먼저는 유대인에게요 그리고 헬라인에게로다

|다가서기|

1. 지금까지 당신이 들은 가장 기쁜 소식은 무엇이고, 그 이유는 무엇인지 가볍게 나누어 보라.

인도자 가이드 |

누구에게나 기쁜 소식이 있다. 대학을 합격했다든지, 부모님의 병이 치료되었다든지 하는 소식들이다. 어떤 것이든 그 소식이 기뻤던 이유를 나누면서, 복음이 왜 기쁜 소식인지, 예수를 믿지만, 복음이 기쁘지 않은 이유는 무엇인지 추측해 보도록 도우라.

|깊이보기|

로마서 1장의 구조는 다음과 같다. 1-7절은 바울의 자기소개와 복음의 기본 사항 요약 및 인사말로 구성되어 있고, 8절-17절까지는 로마 방문 계획과 로마서의 핵심인 이신칭의(以信稱義) 원리를 소개한다. 그리고 18-32절까지는 구원받지 못하는 인간들의 범죄와 하나님의 유기에 대해 논한다.

2. 바울이 소개하고 있는 복음의 개관은 무엇인가?(2-4절)

말씀 살피기 |

이 복음은 하나님이 선지자들을 통하여 그의 아들에 관하여 성경에 미리 약속하신 것이라, 그의 아들에 관하여 말하면 육신으로는 다윗의 혈통에서 나셨고, 성결의 영으로는 죽은 자들 가운데서 부활하사 능력으로 하나님의 아들로 선포되셨으니 곧 우리 주 예수 그리스도시니라(롬 1:2~4)

인도자 가이드 |

복음은 선지자들을 통해 그의 아들 예수에 관해 미리 약속하신 것이다. 혈통으로는 다윗의 후손으로 나셨지만, 성결의 영, 곧 성령으로는 죽은 자들 가운데서 부활하셔서 하나님의 아들로 입증되신 분이 바로 예수 그리스도시다.

3. 로마서는 누가 누구에게 보내는 편지인가?(5-7절)

말씀 살피기 |

그로 말미암아 우리가 은혜와 사도의 직분을 받아 그의 이름을 위하여 모든 이방인 중에서 믿어 순종하게 하나니, 너희도 그들 중에서 예수 그리스도의 것으로 부르심을 받은 자니라, 로마에서 하나님의 사랑하심을 받고 성도로 부르심을 받은 모든 자에게 하나님 우리 아버지와 주 예수 그리스도로부터 은혜와 평강이 있기를 원하노라(롬 1:5~7)

인도자 가이드 |

은혜와 사도의 직분을 받은 바울이 이방인 중에서 예수 그리스도의 것으로 부르심을 받은 자들, 곧 하나님의 사랑하심을 받은 로마 교회의 성도들에게 전한 편지다.

4. 바울이 로마에 있는 성도들에 관하여 감사하는 이유는 무엇이고(8절), 로마를 방문하고자 하는 이유는 무엇인가?(11,12절)

말씀 살피기 |

먼저 내가 예수 그리스도로 말미암아 너희 모든 사람에 관하여 내 하나님께 감사함은 너희 믿음이 온 세상에 전파됨이로다(롬 1:8)

내가 너희 보기를 간절히 원하는 것은 어떤 신령한 은사를 너희에게 나누어 주어 너희를 견고하게 하려 함이니, 이는 곧 내가 너희 가운데서 너희와 나의 믿음으로 말미암아 피차 안위함을 얻으려 함이라(롬 1:11,12)

인도자 가이드 |

바울이 로마 성도들로 인해 감사하는 이유는 그들의 믿음이 온 세상에 전파되었기 때문이고, 그런 로마 교회에 방문하기를 원하는 것은 어떤 신령한 은사를 나누어 주어 견고하게 하고, 피차 위로를 받기 위해서이다.

5. 바울이 로마의 성도들에게 복음을 전하고 싶어 하는 이유는 두 가지로 정리할 수 있다. 그것은 무엇인가?(16,17절)

말씀 살피기 |

내가 복음을 부끄러워하지 아니하노니 이 복음은 모든 믿는 자에게 구원을 주시는 하나님의 능력이 됨이라 먼저는 유대인에게요 그리고 헬라인에게로다(롬 1:16)

복음에는 하나님의 의가 나타나서 믿음으로 믿음에 이르게 하나니 기록된 바 오직 의인은 믿음으로 말미암아 살리라 함과 같으니라(롬 1:17)

① 16절 : 복음이 모든 믿는 자에게 구원을 주기 때문

② 17절 : 복음 안에 있는 하나님의 의가 믿음을 더욱 성숙한 믿음에 이르게 하기 때문

6. 당신에게 복음은 무엇인가? 바울이 말한 복음과 당신이 이해하고 있는 복음에는 어떤 차이점이 있는가?

인도자 가이드 |

바울이 말하는 하나님의 의와 믿음, 구원 등은 많은 설명이 필요한 신학적 의미가 있지만, 깊이 공부하기 이전에 자신이 생각하는 복음에 대한 인식을 살피도록 하는 것이 중요하다. 단순히 복음을 천국 가는 도구 정도로 인식하는 믿음에서 더욱 성숙한 믿음으로 가기 위해서는 사도 바울의 복음에 대한 인식을 공유하는 것이 필요하다.

7. 불의로 진리를 막는 자들이 하나님의 진노를 받아 구원받지 못하는 이유를 바울은 어떻게 설명하는지 자기 말로 표현해 보라(18-23절).

말씀 살피기 |

하나님의 진노가 불의로 진리를 막는 사람들의 모든 경건하지 않음과 불의에 대하여 하늘로부터 나타나나니, 이는 하나님을 알 만한 것이 그들 속에 보임이라 하나님께서 이를 그들에게 보이셨느니라, 창세로부터 그의 보이지 아니하는 것들 곧 그의 영원하신 능력과 신성이 그가 만드신 만물에 분명히 보여 알려졌나니 그러므로 그들이 핑계하지 못할지니라, 하나님을 알되 하나님을 영화롭게도 아니하며 감사하지도 아니하고 오히려 그 생각이 허망하여지며 미련한 마음이 어두워졌나니, 스스로 지혜 있다 하나 어리석게 되어, 썩어지지 아니하는 하나님의 영광을 썩어질 사람과 새와 짐승과 기어다니는 동물 모양의 우상으로 바꾸었느니라(롬 1:18~23)

인도자 가이드 |

진리를 막는 사람들은 하나님을 알만한 것이 그 속에 있지만, 하나님을 알려고 하지 않았기 때문이다. 오히려 마음이 어두워져서 스스로 지혜롭다고 하면서 하나님의 영광을 피조물의 형상과 바꾸어 버렸기 때문이다. 그들은 의도적으로 하나님을 받아들이지 않았기 때문이다.

8. 구원받지 못하는 자들에 대한 하나님의 최종 심판은 어떤 성격의 심판인지 세 구절에 공통으로 나오는 말씀을 통해 그 성격을 파악해 보라(24,26,28절).

말씀 살피기 |

그러므로 하나님께서 그들을 마음의 정욕대로 더러움에 내버려 두사 그들의 몸을 서로 욕되게 하게 하셨으니(롬 1:24)

이 때문에 하나님께서 그들을 부끄러운 욕심에 내버려 두셨으니 곧 그들의 여자들도 순리대로 쓸 것을 바꾸어 역리로 쓰며(롬 1:26)

또한 그들이 마음에 하나님 두기를 싫어하매 하나님께서 그들을 그 상실한 마음대로 내버려 두사 합당하지 못한 일을 하게 하셨으니(롬 1:28)

인도자 가이드 |

세 구절에 동일하게 나오는 말은 '내버려 두사'라는 말이다. 하나님의 심판으로 구원받지 못하는 자들은 하나님의 폭력으로 망하는 것이 아니라 그들의 죄 가운데 그대로 내버려 두심으로(이것을 유기(遺棄)라고 한다) 망하는 것이다.

9. 바울은 유기당하는 자들(내버려둠을 당하는 자들)의 특징을 몇 가지로 나열하고 있다. 그것이 무엇인지 정리해 보라(24-32절).

그들의 몸을 서로 욕되게 함, 피조물을 조물주보다 더 경배함, 여자와 남자들이 자기 몸을 역리로 씀, 마음에 하나님 두기를 싫어함, 합당치 못한 일을 함, 불의, 추악, 탐욕, 악의가 가득함, 시기, 살인, 분쟁, 사기, 악독함이 가득함, 수군수군함, 비방, 능욕, 교만, 자랑, 악을 도모, 부모를 거역, 우매함, 배약, 무정하고 무자비함, 자신들뿐만 아니라 다른 사람에게도 이런 일들을 권장함.

인도자 가이드 |

주의할 점은 이런 특징이 구원받지 못하는 자들의 특징이지만, 이런 특징이 구원받지 못하는 특징은 아니라는 점을 기억하고 정죄하는 일은 없어야 한다. 회개하는 자에게는 구원이 주어지기 때문이다.

10. 이런 특징들 중에 당신에게 해당되는 특징은 없는가? 있다면 지체들에게 나누고, 하나님께 기도함으로 하나님의 도우심을 구하는 시간을 가지라(요일1장9절).

말씀 살피기 |

만일 우리가 우리 죄를 자백하면 그는 미쁘시고 의로우사 우리 죄를 사하시며 우리를 모든 불의에서 깨끗하게 하실 것이요(요일 1:9)

인도자 가이드 |

하나님은 우리의 모든 죄를 정직하게 자백하고 도우심을 구하면, 언제든지 죄를 용서하시고 도우시는 분이심을 함께 나누는 시간을 가지라.

|다짐하기|

11. 당신이 복음을 믿어 구원 얻은 자인 것을 그룹원들에게 고백해 보라. 그렇지 못하다면 솔직히 그 이유는 무엇인지 나누어 보라.

인도자 가이드 |

서로가 가진 믿음을 고백하는 시간을 가지는 것이다. 분명하지 않아도 진실한 시간을 갖도록 유도하고, 복음에 대한 진심을 확인하는 시간을 가지라. 아직 인격적으로 주님을 만나지 못한 지체들 또한 솔직하게 오픈하게 하고, 서로를 위해 중보하고 축복하는 시간을 가지라. 복음에 대한 것은 차츰 과를 진행해 가며 더 알아가게 될 것을 주지시키라.

|관점얻기|

로마서 개관

원래 로마서의 제목은 '로마인들에게(프로스로마이우스)'다. 영어 번역본도 수신자들을 반영하여 'Romans(로마인들)'로 사용하지만, 한글 개역 성경은 지명을 반영하여 '로마서'라는 이름으로 사용하고 있다. 저자는 사도 바울로, 더디오가 대필하여 썼다. 기록 연대는 아마도 3차 전도 여행을 끝마칠 즈음인 A.D. 57년경 겨울로 추정되는데, 약 3개월간 고린도에 머물던 시기에 기록한 것으로 보인다. 수신자는 오순절 성령 강림을 목도하고 돌아간 디아스포라 유대인들에 의해 설립된 로마 교회로, 로마서가 기록되어 보내졌을 때 그 교회는 다수의 이방인과 소수의 유대인으로 구성되었던 것으로 보인다.

로마서의 내용은 믿음으로 구원받는 이신칭의(以信稱義)와 그로 인한 삶의 실천적 원리를 다룬다. 교리적 내용을 많이 다루고 있지만, 특정의 상황에서 특정의 목적을 가지고 특정 대상을 향해 쓴 실질적인 서신이기도 하다는 점을 기억해야 한다. 따라서 로마서가 쓰인 배경을 잘 이해할 때 메시지를 바르게 이해할 수 있다. 1장 1-17절까지는 로마서의 서문에 해당하고, 1장 18절-4장 25절까지는 복음의 핵심인 이신칭의에 대해서 다룬다. 5장 1절-8장 39절은 복음이 주는 구원의 확신과 소망에 대해서, 9장 1절-11장 36절까지는 이스라엘의 문제점을 지적하면서 복음에 대한 변론을 이어간다. 12장 1절-15장 13절까지는 변화시키는 복음의 능력에 대해서, 그리고 15장 14절-16장 27절까지는 로마서의 결론 부분으로 구분할 수 있다.

복음에 대한 바울의 인식(1-7절)

'복음(유앙겔리온)' 이란 '좋다(유)'라는 말과 '소식(앙겔리온)'이라는 말의 합성어로, '좋은 소식(Good News)'이라는 의미가 있다. 죄로 죽을 수밖에 없는 인간들에게 예수 그리스도의 대속적인 은혜가 임하여 구원에 이르는 것은 틀림없이 기쁜 소식이다. 2-4절에서 바울은 '하나님의 복음'이 무엇인지 설명하고, 5-7절에서는 바울이 사도의 직분을 받은 것은 이방인에게 복음을 전하기 위함임을 말한다.

바울은 복음이 하나님의 선지자들에 의해 성경에 미리 약속된 것임을 말한다. 2절의 '성경(그라파이스 하기아이스)'은 일반적인 구약 성경을 가리키는 '그라페'와 다른 단어다(마22:29; 막12:24; 눅24:32; 요5:39; 행17:11). '거룩한(하기아이스)'이라는 표현을 붙인 것은 세상의 일반적인 책과 구별하기 위함이다. 복수형으로 표현하여 구약 성경 전체가 하나님의 아들에 관한 이야기임을 천명한다. 복음은 낯선 것이 아니다. 복음은 하나님의 아들 예수에 관한 것이며, 그에 대한 모든 것이 이미 구약 성경에 기록되어 있다는 것이 바울의 복음에 대한 인식이었다.

하나님의 의와 이신칭의(以信稱義)(8-17절)

로마에 있는 성도들의 믿음을 견고하게 하기 위해 바울이 하고자 하는 것은 어떤 신령한 은사를 나눠주는 것이었다. 여기서 '신령한 은사'는 아마도 고전 12장에서 말하는 진리와 함께 성령께서 주실 영적 은사들로 짐작된다. 바울은 복음의 빚을 진 자로서의 인식이 있었다. 이 인식은 제삼자로부터 어떤 사람에게 주도록 돈을 받았을 때의 경우와 비슷하다. 바울은 예수께서 그들에게 전해주라고 복음을 맡기셨다고 믿고 살았다. 그래서 '나는 할 수 있는 대로 로마에 있는 너희에게도 복음 전하기를 원한다'라고 말한 것이다(15절). 바울에게 복음 전도는 일종의 부채 상환이었다. 그의 이런 인식에는 두 가지 이유가 있었다. 첫째는 하나님의 은혜 때문이고(딤전 1:12-16), 둘째는 영혼들을 향한 사랑 때문이었다(갈 4:19).

바울은 복음이 구원을 주시는 하나님의 능력이며 '이신득의(以信得義), 이신칭의(以信稱義)'라는 복음의 핵심을 전하고 있다. 16,17절은 본 장의 주제요, 핵심 구절이다. 1:18-15:13에서 이신칭의 사상에 대해 본격적으로 다루기 전에 1장에서 그 핵심을 제시하고 있는 것이다. 바울이 복음을 자랑스럽게 여기는 이유는 모든 믿는 자들에게 구원을 주시는 하나님의 능력이기 때문이다. 그 안에 하나님의 의, 즉 믿음으로 의인의 지위를 얻는 길이 계시되어 있기 때문이다. 여기서 '하나님의 의'는 하나님 자신의 의가 아니라 하나님과 인간이 바른 관계가 회복되는 것을 말한다. 구원은 복음을 믿는 자에게만 주어진다. 믿기를 거부하는 자에게는 복음이 아무 의미도 없으며 오히려 심판받는 근거가 된다. 하나님과 올바른 관계가 이루어져 구원에 이르게 되는 것은 믿음으로 가능하며 이 믿음은 더 성숙한 믿음을 가져온다.

하나님이 내버려두시는 삶(18-32절)

첫 번째는 불의로 진리를 가로막는 삶이다(18절). 의도적으로 하나님을 알려고 하지 않는 삶이다. 불경건이란 하나님을 향한 그릇된 자세를 말하고, 그릇된 자세를 가진 사람을 불의한 사람이라고 한다. 불경건과 불의가 진리를 막는다.

두 번째는 금수와 버러지 형상의 우상을 섬기는 삶이다(23절). 일종의 종교적 진화론으로, 인간은 본래 자연을 숭배했는데, 조금씩 발전하여 신들을 만들어 섬기고, 인간의 지성이 발전하면서는 유일신을 섬기는 고등 종교에 이르렀다는 사고다. 하지만 인간의 삶은 본래 하나님과의 영광스러운 교제 속에서 시작되었다. 인간이 타락하면서 하나님 자리에 다른 사람이나 금수나 버러지 형상을 갖다 놓은 것이다. 이들의 특징은 하나님을 알되 하나님으로 영화롭게 하지 않고, 감사치도 않는다.

세 번째는 정욕의 노예로 살아가는 삶이다(24절). 도스토옙스키가 말한 것처럼, 만약 신이 참으로 존재하지 않는다고 사람들이 확신만 한다면 사람들은 못 할 일이 없다. 그중에 성적 타락은 죄의 본질적인 부분을 잘 설명해 준다. 죄에는 쾌락이 있기 때문에 끊을 수 없다.

네 번째는 마음에 하나님 두기를 싫어하는 삶이다(28절).

|청년 자기 체크리스트|

아래의 체크리스트를 가지고 오늘 소그룹 모임에 임한 자신의 태도를 충분히 점검해 보라.

점검 사항		5	4	3	2	1
준비 및 예습	본 과를 준비하면서 충분히 예습은 하였는가					
	각 과의 분명한 목적은 알고 모임에 임했는가?					
	성령께서 나를 만지시도록 기도로 준비하였는가?					
	소그룹원들을 위해서 중보하였는가?					
	리더를 위해서 중보하였는가?					
	나를 변화시키실 하나님을 기대하는 마음으로 임했는가?					
참여 및 자세	적극적으로 질문과 대답에 참여했는가?					
	정직하게 자신을 오픈했는가?					
	지체들의 발표에 사랑하는 마음으로 공감적 경청을 하였는가?					
	모임 중 성령의 인도하심을 계속적으로 기도했는가?					
	하나님께서 원하시는 것이 무엇인지 분명히 알았는가?					
	발견된 진리를 삶과 인격에 적용하기로 결단했는가?					
	이번주에 중보할 지체를 발견했는가?					
적용 및 결단	삶과 인격 변화를 위한 이번주 자신의 적용은 구체적인가?					
	배운 내용이 삶의 상황에 분명히 적용되었는가?					
	소그룹 모임에 대한 만족감이 있었는가?					
	배운 내용을 분명하게 정리했는가?					
	이번 과의 주제와 목적을 분명히 알게 되었는가?					
	삶과 인격의 변화를 위해 기도할 준비가 되어 있는가?					
평가	이번주 총점					

"그러므로 내 사랑하는 형제들아 견실하며 흔들리지 말고 항상 주의 일에 더욱 힘쓰는 자들이 되라 이는 너희 수고가 주 안에서 헛되지 않은 줄 앎이라" (고전 15:58)

- 이번주 생일자는?
- 다음주 청년부 행사는?
- 이번 달 암송 구절과 필독서는?
- 이번주 소그룹 특이 사항은?
- 다음주 전도할 대상은?

2과
하나님의 판단 기준

로마서 2장 1~29절

사람은 어떤 사건이나 대상을 판단할 때
저마다의 기준에 따라 판단한다.
판단 기준이 다르다는 말은
우리의 판단은 객관적일 수 없고,
보편적일 수도 없다는 뜻이다.
그렇다면 우리를 보시는 하나님의 판단 기준은 어떨까?
하나님의 판단 기준은 절대적인 기준이다.
그래서 객관적일 수 있고, 보편적일 수 있다.
게다가 절대적인 기준이기 때문에
심판의 근거가 된다.
그것은 바로 하나님의 말씀이다.
그러므로 하나님의 말씀을 삶의 기준으로 삼고 살면
하나님의 심판으로부터 자유할 수 있다.
하나님의 심판 기준을 나의 삶의 기준으로 삼을 때
우리는 심판으로부터 자유하여
진정으로 평안한 삶을 살 수 있다.

말씀암송 | 로마서 2장 1절

그러므로 남을 판단하는 사람아, 누구를 막론하고 네가 핑계하지 못할 것은 남을 판단하는 것으로 네가 너를 정죄함이니 판단하는 네가 같은 일을 행함이니라

|다가서기|

1. 당신은 주로 남을 어떻게 판단하고 평가하는지 그 기준을 나누어 보라.

인도자 가이드 |

누구나 남을 판단하고 평가하는 기준이 있다. 무엇을 좋게 여기는지, 무엇을 안 좋게 여기는지가 나의 기준이다. 이처럼 하나님도 나를 판단하는 기준이 있음을 자연스럽게 주지시키라.

|깊이보기|

로마서 1장이 타락한 이방인들의 범죄와 내버려두심에 대한 논증이었다면, 2장은 이방인들을 정죄하는 유대인들의 위선과 그들의 범죄, 그리고 이방인과 유대인들을 불문하고 심판하시는 하나님의 판단 기준에 대해서 말하고 있다.

2. 바울이 말하는 유대인들의 핑계하지 못할 첫 번째 죄는 무엇인가?(1절)

말씀 살피기 |

그러므로 남을 판단하는 사람아, 누구를 막론하고 네가 핑계하지 못할 것은 남을 판단하는 것으로 네가 너를 정죄함이니 판단하는 네가 같은 일을 행함이니라(롬 2:1)

인도자 가이드 |

이방인들을 판단하고 정죄하는 것이다. 이들의 죄는 이방인보다 나을 것이 전혀 없었다. 여기서 '판단하다(크리노)'라는 말은 '분리하다, 판단하다, 결정하다'라는 의미로, 상대방을 비난하고 정죄하여 벌하는 행동까지 포함한다.

3. 두 번째 유대인들이 심판받는 이유는 무엇인가?(5절) 당신에게는 이런 것이 없는지 돌아보라.

말씀 살피기 |

다만 네 고집과 회개하지 아니한 마음을 따라 진노의 날 곧 하나님의 의로우신 심판이 나타나는 그 날에 임할 진노를 네게 쌓는도다(롬 2:5)

인도자 가이드 |

고집, 완고함과 회개치 않는 마음이다. 하나님의 오래 참으심을 회개의 기회로 삼지 않고, 오히려 방종의 이유로 삼는 태도다. 이런 모습은 진노의 날에 '진리대로 되는 심판', 즉 외적 조건이 아니라 내면의 실체를 심판하시는 진노를 차곡차곡 쌓아 놓는 것과 같다.

4. 세 번째 하나님께서 지적하시는 유대인들의 모습은 어떤 모습이라고 할 수 있는가?(8절)

말씀 살피기 |

오직 당을 지어 진리를 따르지 아니하고 불의를 따르는 자에게는 진노와 분노로 하시리라(롬 2:8)

인도자 가이드 |

그것은 당을 지어 진리를 따르지 않고 불의를 따르는 모습이다. 여기서 '오직(데)'이라고 번역된 말은 '그러나'라는 뜻으로 번역하는 것이 더 자연스럽고, 7절과는 대조를 이룬다. '따르다(페이도)'라는 말은 수동태로 어떤 것에 의해 설득당한 모습을 나타낸다. 이런 모습이 결국 당을 지어 진리를 따르지 않고 불의를 따르는 모습으로 드러난다.

5. 유대인들이 스스로 자신을 의롭다고 여기는 이유는 무엇인가?(17~20절) 이에 대한 하나님의 절대적인 판단 기준은 무엇인가?(11절)

말씀 살피기 |

유대인이라 불리는 네가 율법을 의지하며 하나님을 자랑하며, 율법의 교훈을 받아 하나님의 뜻을 알고 지극히 선한 것을 분간하며, 맹인의 길을 인도하는 자요 어둠에 있는 자의 빛이요, 율법에 있는 지식과 진리의 모본을 가진 자로서 어리석은 자의 교사요 어린 아이의 선생이라고 스스로 믿으니(롬 2:17~20)

이는 하나님께서 외모로 사람을 취하지 아니하심이라(롬 2:11)

인도자 가이드 |

그들 스스로 가진 잘못된 믿음 때문이다. 그들은 율법을 의지하여 하나님의 뜻대로 산다고 생각했지만, 실제적인 삶은 전혀 그렇지 않았다. 이들을 향한 하나님의 절대적인 판단 기준은 '하나님은 외모로 사람을 취하지 않으신다'라는 점이다. 하나님은 중심을 보시는 분이시라는 말씀이다. 아무리 객관적으로 잘 믿는 사람처럼 보여도, 결국 기준은 그 중심에 있음을 잊지 말아야 한다.

6. 하나님 앞에서 당신의 중심은 어떤가? 내 중심을 아는 방법은 무엇인지 나누어 보라(눅12장34절).

말씀 살피기 |

너희 보물 있는 곳에는 너희 마음도 있으리라(눅 12:34)

인도자 가이드 |

우리 마음이 어디에 있는가는 내가 가장 소중하게 생각하는 것이 무엇인가를 보면 된다. 하나님 앞에서 내 마음이 어떤가는 말씀 앞에 서지 않으면 알 수 없다. 늘 하나님의 말씀으로 내 마음을 돌아보는 경건한 습관이 필요하다.

7. 이런 유대인들을 향해서 첫 번째로 하나님께서 원하시는 것은 무엇인가?(21절) 그 의미는 무엇이라고 생각하는가?

말씀 살피기 |

그러면 다른 사람을 가르치는 네가 네 자신은 가르치지 아니하느냐 도둑질하지 말라 선포하는 네가 도둑질하느냐(롬 2:21)

인도자 가이드 |

남을 가르치듯이 자신을 가르치라고 말씀하신다. 자신에게는 하나님의 말씀을 적용하지 않는 위선과 모순을 스스로 지적하라고 말씀하신다. 하나님이 원하시는 삶은 끊임없이 우리 자신을 하나님의 말씀의 잣대로 측량하는 것이다.

8. 하나님의 말씀으로 자신을 가르쳐야 할 것이 있는가? 그것은 무엇이고, 그렇게 생각하는 이유는 무엇인가?

인도자 가이드 |

하나님 앞에서 스스로 부족한 모습을 조명할 수 있는 기회를 가지게 하라. 무너진 신앙생활의 영역이나 미움, 용서하지 못함 등 내 속에 있는 하나님의 말씀에 어긋나는 것을 찾을 수 있도록 도우라. 이미 우리 스스로가 알고 있는 것이 하나님께서 나를 향해 가르치기를 원하는 하나님의 뜻이다.

9. 두 번째로 유대인들에게 원하시는 것은 무엇이라고 할 수 있겠는가?(29절) 이 말의 의미는 무엇인가?

말씀 살피기 |

오직 이면적 유대인이 유대인이며 할례는 마음에 할지니 영에 있고 율법 조문에 있지 아니한 것이라 그 칭찬이 사람에게서가 아니요 다만 하나님에게서니라(롬 2:29)

인도자 가이드 |

마음에 할례를 받으라고 말씀하신다. 마음에 할례를 받는 것은 형식에만 치중하지 말고 그 내용이 있어야 한다는 뜻이다. 하나님이 살피시는 부분은 외면이 아니라 '이면', 즉 내면이다. 바로 이곳에 하나님의 말씀의 칼을 대야 한다. 이것은 율법의 조문이 아니라 오직 성령으로만 가능하다.

|다짐하기|

10. 내 속에 하나님의 책망을 받을만한 것은 무엇인지 돌아보고, 어떻게 하면 스스로 가르치고 마음의 할례를 받을 수 있을지 생각해 보라.

인도자 가이드 |

어렵게 생각하지 말고, 내 속에 있는 선입견과 교만, 해결되지 않는 죄 등에서 찾도록 도우라. 그리고 성령을 통해서 그것을 도려내는 작업이 필요한데, 하나님의 말씀이 곧 성령의 검임을 주지시켜 주라.

|관점얻기|

유대인들의 죄

첫 번째로 남을 판단하는 것이다. 여기서 '판단하다(크리노)'라는 말은 악의적인 정죄를 의미한다. 남을 판단하는 사람들의 보편적인 특징은 자신의 허물은 보지 못하고, 남의 허물은 크게 본다는 것이다. 그래서 자기를 대하는 기준과 남을 대하는 기준이 다르다. 이에 대한 하나님의 판단은 진리에 기초한다(NIV is based on truth). 혈통이나 학벌, 물질에 근거하여 판단하시지 않는다. 그러기에 누구에게나 똑같이 적용된다. 하지만 유대인들은 아브라함의 자손이라는 육적인 혈통을 가지고 자신의 의로움을 결정하려 하였다. 그런데도 유대인들에게 아직 아무 심판이 없는 것은 회개케 하시려는 하나님의 오래 참으심 때문이다. 유대인들의 행동은 하나님의 은혜를 악용하여 계속해서 죄에 머무르려고 하는 것과 같다.

두 번째 유대인들의 죄는 고집과 회개치 않는 마음이다(5절). 하나님의 판단 기준은 내면이다. 하나님의 눈에 비친 유대인들의 내면은 완고함과 돌이키지 않는 마음이었다. '고집(스클레로테스)'이라는 말은 '완고함, 굳음'을 의미한다. 마음이 딱딱한 백성이라는 말씀이 바로 이 고집을 의미한다. '회개치 않는(아메타노에토스) 마음'은 '다르게 생각하다'라는 말에서 왔다. 범죄한 사실이 있는 데도, 하나님의 진리로 평가하지 않고, 자기 생각으로 평가하여 돌이킬 마음이 없는 모습이다. 이런 부정적인 마음은 교만에서 나온다. 나는 아무 잘못이 없고, 잘 믿고 있다고 생각하는 유대인들의 교만에서 고집과 회개치 않는 마음이 나오는 것이다.

세 번째는 당을 지어 불의를 따르는 모습이다(8절). 8절의 '오직(데)'은 '그러나(KJV, But)'의 의미로, 하나라는 의미보다는 앞 내용과 대조를 이룬다. '따르다(페이도)'라는 말은 수동태로, '설득되다'라는 의미다. 즉 진리가 아니라 불의에 설득되어 살아가는 모습이다. 진리를 따랐다면 진리에 의해 판단 받았겠지만, 불의를 따랐기 때문에 불의에 의해 판단 받게 되는 것이다. 불의를 따르는 모습은 결국 진리를 따르지 않는 당을 짓게 되고, 하나님의 공동체에 해를 끼치는 악을 저지르게 된다.

하나님이 원하시는 것

첫 번째는 자신을 가르치라고 말씀하신다(21절). 유대인들은 스스로 율법을 가르치는 선생의 자리에 앉아 남에게는 율법을 지키도록 요구하면서도 자신에게는 율법의 요구를 적용하지 않았다. 스스로 하나님의 말씀으로 조명하지 않는 사람은 남을 가르쳐서는 안 된다. 이 모습이 자기 속에 있는 들보는 보지 못하고, 남의 눈 속에 있는 티끌은 보는 모습이다. 우리 눈 속에 있는 들보를 먼저 빼야 한다. 그것은 하나님의 말씀을 나에게 먼저 적용하는 영적 훈련을 의미한다.

두 번째는 마음에 할례를 받으라고 말씀하신다(29절). 마음에 할례를 받는 것은 형식에 치우치지 말라는 의미다. 하나님은 외형이 아니라 내면을 보시기 때문에 하나님의 말씀을 내면에 먼저 적용해야 한다. 할례는 영에 있고, 율법 조문에 있지 않다는 말은 문자에 의한 것이 아니라 성령에 의한 것이라는 의미다(NASB, by the Spirit, not by the Letter). 마음의 할례는 성령에 의해서만 가능하다는 말씀이다. 바울은 성령과 율법 조문을 대조하여 마음에 할례받는 수단이 무엇인지 설명한다. 성령은 진리의 영이다. 하나님의 말씀이 곧 성령의 검이다. 그러므로 성령이 하나님의 말씀을 통해 우리 속에 있는 육적인 죄를 도려내고, 하나님만 의지하며 살 수 있게 하는 마음의 할례를 행하시는 것이다. 그러므로 그리스도의 삶의 방식은 성령 충만뿐이다. 이를 위해 하나님의 말씀 앞에 내 마음을 조명하는 습관이 필요하다.

|청년 자기 체크리스트|

아래의 체크리스트를 가지고 오늘 소그룹 모임에 임한 자신의 태도를 충분히 점검해 보라.

점검 사항		5	4	3	2	1
준비 및 예습	본 과를 준비하면서 충분히 예습은 하였는가					
	각 과의 분명한 목적은 알고 모임에 임했는가?					
	성령께서 나를 만지시도록 기도로 준비하였는가?					
	소그룹원들을 위해서 중보하였는가?					
	리더를 위해서 중보하였는가?					
	나를 변화시키실 하나님을 기대하는 마음으로 임했는가?					
참여 및 자세	적극적으로 질문과 대답에 참여했는가?					
	정직하게 자신을 오픈했는가?					
	지체들의 발표에 사랑하는 마음으로 공감적 경청을 하였는가?					
	모임 중 성령의 인도하심을 계속적으로 기도했는가?					
	하나님께서 원하시는 것이 무엇인지 분명히 알았는가?					
	발견된 진리를 삶과 인격에 적용하기로 결단했는가?					
	이번주에 중보할 지체를 발견했는가?					
적용 및 결단	삶과 인격 변화를 위한 이번주 자신의 적용은 구체적인가?					
	배운 내용이 삶의 상황에 분명히 적용되었는가?					
	소그룹 모임에 대한 만족감이 있었는가?					
	배운 내용을 분명하게 정리했는가?					
	이번 과의 주제와 목적을 분명히 알게 되었는가?					
	삶과 인격의 변화를 위해 기도할 준비가 되어 있는가?					
평가	이번주 총점					

"그러므로 내 사랑하는 형제들아 견실하며 흔들리지 말고 항상 주의 일에 더욱 힘쓰는 자들이 되라 이는 너희 수고가 주 안에서 헛되지 않은 줄 앎이라" (고전 15:58)

- 이번주 생일자는?
- 이번주 소그룹 특이 사항은?
- 다음주 청년부 행사는?
- 다음주 전도할 대상은?
- 이번 달 암송 구절과 필독서는?

3과
인간의 실상과 하나님의 의

로마서 3장 9~31절

세상의 모든 종교는 내세가 있다.
현세에서의 고통을 만회해 줄 내세가 있을 때
우리는 그 사상이나 철학을 종교로 분류한다.
모든 종교의 공통점은 내세를 들어가는 조건이 있다는 것이다.
착한 일을 했거나 그에 상응하는 수행을 하는 것이다.
하지만 기독교는 구원의 조건을 행위에 있다고 말하지 않는다.
기독교에서 말하는 구원은 선물의 개념이다.
값없이 주어진 선물인 구원은 선행이나 수련의 결과가 아니다.
아무 조건 없이 우리에게 주어진 은총이다.
이 선물은 예수 그리스도가 우리를 위해서
값비싼 대가를 치르심으로 주어진 것이다.
기독교에서 말하는 구원의 원리를 이해하는 것이 중요하다.
그렇지 않으면 신앙생활을 하면 할수록
율법주의나 공로주의로 빠질 수 있다.

말씀암송 | 로마서 3장 22절

곧 예수 그리스도를 믿음으로 말미암아 모든 믿는 자에게 미치는 하나님의 의니 차별이 없느니라

|다가서기|

1. 당신은 인간이 어떤 존재라고 생각하는가? 성선설(性善說)과 성악설(性惡說)로 각자의 생각을 나누어 보라.

인도자 가이드 |

인간에 대한 저마다의 생각을 나누게 하라. 너무 성경적인 답을 말하기보다, 왜 그렇게 생각하는지를 유념하여 각자의 생각을 자유롭게 나누도록 도우라.

|깊이보기|

로마서 3장은 이신칭의 은혜가 왜 절대적으로 필요할 수밖에 없는지 그 이유를 설명한다. 인간의 전적인 타락과 하나님의 심판 때문에 인간은 철저하게 망할 수밖에 없는 존재다. 전적 타락은 인간의 행위로는 의에 이를 수 없음을 시사한다. 바울은 본 장에서 유대인들이 어떤 죄를 짓고 있는지에 대해서 고발한다. 그리고 언약의 자손이라고 스스로 생각하는 유대인들이 가진 잘못된 생각을 변증법적으로 논박하고 있다.

2. 성경이 말하는 인간의 실체는 무엇인가? 당신은 이 사실에 동의하는가? 그렇지 않다면 그 이유는 무엇인가?(10-12절)

말씀 살피기 |

기록된 바 의인은 없나니 하나도 없으며, 깨닫는 자도 없고 하나님을 찾는 자도 없고, 다 치우쳐 함께 무익하게 되고 선을 행하는 자는 없나니 하나도 없도다(롬 3:10~12)

인도자 가이드 |

성경이 말하는 인간의 실체는 의인은 없나니 하나도 없다는 것이다. 그 이유는 하나님을 찾지 않기 때문이고, 그래서 진정한 의에 대해 깨닫지 못하기 때문이다. 그 결과 다 치우쳐 선에서 떠났기 때문이다.

3. 바울이 묘사하고 있는 죄인 된 인간의 언어생활은 어떤가?(13-14절).

말씀 살피기 |

그들의 목구멍은 열린 무덤이요 그 혀로는 속임을 일삼으며 그 입술에는 독사의 독이 있고, 그 입에는 저주와 악독이 가득하고(롬 3:13~14)

인도자 가이드 |

오래된 무덤과 같아서 그 안에 악취와 부정함이 가득하고, 속이며, 독사의 독과 같이 사람을 상하게 하고, 저주가 가득한 언어를 사용한다.

4. 죄인 된 인간의 행동은 어떠하며, 그 미래는 어떠한가?(15-18절)

말씀 살피기 |

그 발은 피 흘리는 데 빠른지라, 파멸과 고생이 그 길에 있어, 평강의 길을 알지 못하였고, 그들의 눈 앞에 하나님을 두려워함이 없느니라 함과 같으니라(롬 3:15~18)

인도자 가이드 |

하나님을 두려워하지 않고 타인을 상하게 하는데 빠르다. 어떤 일을 해도 그 앞길에는 파멸과 고생만이 가득하고, 평강이 없다.

5. 이와 같은 죄인들에게 하나님께서 율법을 주신 이유는 무엇인가?(20절)

말씀 살피기 |

그러므로 율법의 행위로 그의 앞에 의롭다 하심을 얻을 육체가 없나니 율법으로는 죄를 깨달음이니라(롬 3:20)

인도자 가이드 |

인간은 근본부터 죄로 물들어 있기 때문에, 아무리 율법의 의로운 행위를 해도 하나님 앞에서 의로움을 얻을 수 없다. 율법은 단지 죄가 얼마나 근본적이고, 심각한 것인지를 깨닫게 하는 역할을 한다.

6. 이런 죄인들에게 의로움을 주시기 위해 하나님께서 행하신 일은 무엇인가?(21,22절)

말씀 살피기 |

이제는 율법 외에 하나님의 한 의가 나타났으니 율법과 선지자들에게 증거를 받은 것이라, 곧 예수 그리스도를 믿음으로 말미암아 모든 믿는 자에게 미치는 하나님의 의니 차별이 없느니라(롬 3:21,22)

인도자 가이드 |

율법이 아닌 다른 방법을 주셨는데, 그것은 구약(율법과 선지자들)에서부터 이미 말씀해 오신 것으로, 예수 그리스도를 믿게 하는 것이다. 그리스도를 믿는 자에게는 차별 없이 하나님의 의가 주어진다.

7. 당신은 하나님의 은총으로 예수 그리스도를 믿어 의에 이르게 되었고, 그래서 구원 얻는다는 사실을 믿는가?(23,24절) 자신의 신앙을 지체들에게 고백해 보라.

말씀 살피기 |

모든 사람이 죄를 범하였으매 하나님의 영광에 이르지 못하더니, 그리스도 예수 안에 있는 속량으로 말미암아 하나님의 은혜로 값 없이 의롭다 하심을 얻은 자 되었느니라(롬 3:23,24)

인도자 가이드 |

구원은 인간의 행위로 얻는 것이 아니다. 인간은 전적으로 타락하여 어떤 것으로도 스스로 구원할 수 없다. 그런데 하나님께서 아들 예수를 우리 대신에 십자가에 못 박아 죽이심으로, 죗값을 치르게 하시고, 믿는 자들에게 의로움을 주심으로 구원하신다. 구원은 근본적으로 하나님께서 믿게 하시는 선물을 우리에게 주신 결과다.

8. 예수 그리스도께서 나를 구원하기 위해서 하신 일은 무엇인가? 죄인 된 인간은 이 일에 어떻게 반응해야 하는가?(28절)

말씀 살피기 |

그러므로 사람이 의롭다 하심을 얻는 것은 율법의 행위에 있지 않고 믿음으로 되는 줄 우리가 인정하노라(롬 3:28)

인도자 가이드 |

예수님은 행위로 의롭다 하심을 얻을 수 없는 우리를 위해 십자가에 대신 죽어주심으로 그 죗값을 치르셨다. 그래서 율법의 모든 요구를 충족시키셨다. 우리가 이 사실을 믿음으로 받아들인다면, 이 죄 없이 하심, 의롭다 하심이 우리의 것이 된다.

9. 구원은 자랑할 수 있는 것이 아니다. 그 이유는 무엇인가?(27절) 대신에 어떤 모습으로 살아야 한다고 생각하는가?

말씀 살피기 |

그런즉 자랑할 데가 어디냐 있을 수가 없느니라 무슨 법으로냐 행위로냐 아니라 오직 믿음의 법으로니라(롬 3:27)

인도자 가이드 |

구원은 우리 행위나 노력으로 얻은 것이 아니기 때문에 결코 자랑할 수 없다. 자랑할 수 없다는 말은 동시에 누구도 남을 정죄할 수 없다는 말이다. 대신에 구원받은 자는 감사함과 함께 이 구원의 은총을 다른 사람에게 전함으로, 다른 죄인이 구원받는 데 힘을 써야 한다.

|다짐하기|

10. 내가 받은 구원을 자기 말로 정의하고, 하나님께 감사하라. 그리고 믿지 않는 친구에게 복음을 소개할 수 있도록 소그룹원들에게 연습해 보라.

인도자 가이드 |

구원은 예수 그리스도께서 나를 위해서 하신 일을 아는 것이다. 그리고 그 구원에 내가 어떻게 반응했는지를 전하는 것이 전도다. 전도하기 이전에 하나님께 대한 감사가 커야 하고, 그 감격에 따라 전도의 열정도 따라오는 것임을 기억해야 한다.

|관점얻기|

죄 아래 있는 자의 실체(9-18절)

9절에서 말하는 '다 죄 아래 있다'라는 말은 그리스도인이나 비그리스도인이나 모두 죄 아래 있다는 말이다. '다(판타스)'는 전체뿐 아니라 각각의 대상 하나하나를 강조하는 말로, 아무도 예외일 수 없는 인간의 죄 된 상황을 말한다.

10-18절까지는 인간 전체에서 의인이란 하나도 존재할 수 없음을 강조하는 문형으로 되어 있다. '함께 무익하게 되었다'라는 말은 '함께 소용없는 것이 되었다'로 번역할 수 있다. 그 이유는 인간들이 하나님을 찾지 않고 다 치우쳤기 때문이다. '치우셨다(엑클리노)'라는 말은 문자적으로는 '밖으로 이탈하다', '길을 잘못 들다'라는 의미로, 적극적으로 하나님을 찾아야 하는 인간이 하나같이 다 치우쳐 왜곡된 삶을 살고 있다는 말이다.

13절과 14절은 이런 상태의 인간들이 입으로 짓는 죄를 열거한다. 죄인들의 언어생활은 '열린 무덤'과 같다. 무덤은 부정한 곳으로 사람과 접촉되지 못하도록 입구를 막고, 회(灰)를 칠하여 주지시켰다. 하지만 관리가 안 된 무덤이나 오래된 무덤은 그 입구가 무너져 내려 열린 무덤이 되었는데, 죄인들의 말은 꼭 그와 같다는 뜻이다. 각종 악취와 더러운 것이 뿜어 나오는 모습을 묘사한다.

15-18절은 이러한 죄인들의 행동에 대한 묘사로, 죄인들의 모든 행동은 결국 타인의 피를 흘리는데 능동적이고, 살육과 파괴의 길을 걷기 때문에 평강이 없다. 18절의 '없느니라'라는 말은 현재 시제로 하나님에 대한 경외심이 없는 상태가 계속되는 상황을 나타낸다.

하나님의 한 의(義)(19-31절)

전적으로 타락한 인간은 율법의 행위만으로는 어떤 사람도 하나님 앞에서 의롭다 하심을 얻을 수 없다. 하나님 앞에서 의인으로 인정받을 수 있는 유일한 조건은 행위가 아니라 믿음이다.

율법의 기능은 죄를 깨닫게 하는 것이다. 20절을 더 정확하게 번역하면 '왜냐하면 율법으로 말미암아 죄에 대한 인식이 오기 때문이다'라고 할 수 있다. 하지만 율법은 사람을 의롭게 하거나 죄 없이 할 수 없다. 이신칭의의 은혜만이 구원을 준다. '이신칭의(以信稱義)'란 믿음으로 의롭다 함을 받는다는 뜻이다.

바울이 말하는 의는 첫째, 율법과 무관하며, 둘째, 율법과 선지자들, 곧 구약 성경 전체에 의해 증거를 받은 것이다. 믿음으로 의를 획득하게 된다는 사상은 구약 전체에 이미 나타나 있다. 이 의는 예수 그리스도를 믿는 모든 자에게 미치는 동일한 것이다.

23,24절은 이신칭의의 원리와 내용을 소개한다. 하나님의 은혜는 예수 그리스도의 십자가 보혈을 믿는 자에게 주시는 선물이다. 이 값없는 은혜를 주시기 위해 주님은 대려 값비싼 대가를 치르셨다. 하나님이시면서 동시에 무죄하신 사람으로 오셔서 우리 대신 십자가에서 죗값을 치르심으로 우리에게 구원을 주셨다. 이것이 그리스도의 구속이다.

25절의 '간과하다(파레시스)'라는 말은 '옆으로 보내다', '연기하다'라는 뜻을 지닌다. 하나님께서 그리스도의 보혈의 공로로 죄지은 자의 심판을 보내버리신 것이다.

27-31절은 이신칭의의 세 가지 핵심을 말한다. 첫 번째는 행위가 아니라 믿음으로만 성립된다는 것이다. 27절에서 말하는 '믿음의 법'은 행위의 반대 개념으로, 하나님께서 선물로 주신 은총으로서의 믿음을 말한다. 두 번째는 이신칭의는 모든 믿는 자에게 차별이 없는 보편적 은혜라는 점이다.

세 번째는 이신칭의는 율법을 폐하는 것이 아니라 오히려 굳게 세우는 것이라는 점이다. 율법은 죄를 깨닫게 해주고, 인간의 의로는 소망이 없고, 메시아가 필요하다는 사실을 깨닫게 해주는 초등 교사와 같다(갈 3:24). 이신칭의는 어떻게 구원받는지를 깨닫게 하고, 구원받은 백성으로 살아가는 기준을 준다는 점에서 율법을 온전히 한다.

|청년 자기 체크리스트|

아래의 체크리스트를 가지고 오늘 소그룹 모임에 임한 자신의 태도를 충분히 점검해 보라.

점검 사항		5	4	3	2	1
준비 및 예습	본 과를 준비하면서 충분히 예습은 하였는가					
	각 과의 분명한 목적은 알고 모임에 임했는가?					
	성령께서 나를 만지시도록 기도로 준비하였는가?					
	소그룹원들을 위해서 중보하였는가?					
	리더를 위해서 중보하였는가?					
	나를 변화시키실 하나님을 기대하는 마음으로 임했는가?					
참여 및 자세	적극적으로 질문과 대답에 참여했는가?					
	정직하게 자신을 오픈했는가?					
	지체들의 발표에 사랑하는 마음으로 공감적 경청을 하였는가?					
	모임 중 성령의 인도하심을 계속적으로 기도했는가?					
	하나님께서 원하시는 것이 무엇인지 분명히 알았는가?					
	발견된 진리를 삶과 인격에 적용하기로 결단했는가?					
	이번주에 중보할 지체를 발견했는가?					
적용 및 결단	삶과 인격 변화를 위한 이번주 자신의 적용은 구체적인가?					
	배운 내용이 삶의 상황에 분명히 적용되었는가?					
	소그룹 모임에 대한 만족감이 있었는가?					
	배운 내용을 분명하게 정리했는가?					
	이번 과의 주제와 목적을 분명히 알게 되었는가?					
	삶과 인격의 변화를 위해 기도할 준비가 되어 있는가?					
평가	이번주 총점					

"그러므로 내 사랑하는 형제들아 견실하며 흔들리지 말고 항상 주의 일에 더욱 힘쓰는 자들이 되라 이는 너희 수고가 주 안에서 헛되지 않은 줄 앎이라" (고전 15:58)

- 이번주 생일자는?
- 다음주 청년부 행사는?
- 이번 달 암송 구절과 필독서는?
- 이번주 소그룹 특이 사항은?
- 다음주 전도할 대상은?

4과
의롭다 하심

로마서 4장 1~25절

세상에는 법 없이도 살 사람들이 많다고 한다.
만나보지는 못했지만,
그들은 착하고 정직하고 투명한 사람들일 것 같다.
하지만 그들에게 죄가 없을까?
죄가 없는 사람은 없다. 죄의 기준이 무엇인가가 중요할 따름이다.
들키지 않으면 죄가 되지 않고, 시도했다가 성공하지 못한 죄는
미수죄가 되는 기준이라면, 죄가 없는 사람도 많을 것이다.
하지만 생각조차도 죄의 영역에 속할 수 있고,
마음까지 감찰하시는 하나님이 재판관이시라면,
죄 없는 사람은 있을 수 없다.
놀라운 사실은 죄를 용서받았다고 하는 사람들이 많다는 사실이다.
바로 예수 믿는 사람이고, 성경은 이것을 의롭다 하심을
받았다고 말한다.
의롭다 하심을 받는다는 것은 도대체 어떤 의미일까?
이 과를 통해서 의롭다 하심의 비밀을 발견해 보자.

말씀암송 | 로마서 4장 20~22절

믿음이 없어 하나님의 약속을 의심하지 않고 믿음으로 견고하여져서 하나님께 영광을 돌리며, 약속하신 그것을 또한 능히 이루실 줄을 확신하였으니, 그러므로 그것이 그에게 의로 여겨졌느니라

|다가서기|

1. 당신은 스스로를 의롭다고 생각하는가? 그렇게 생각하는 이유는 무엇인가?

인도자 가이드 |

대부분은 의롭지 않다고 생각할 것이다. 문제는 주님께서 우리에게 주시는 의롭다 하심이다. 스스로 의롭다함은 아무 의미가 없다는 사실을 함께 공감하면 좋다.

|깊이보기|

로마서 4장은 이신칭의의 원리와 이 진리가 어떻게 구체적으로 믿는 자들에게 구원을 주는지를 설명한다. 바울은 우리가 의롭다 하심을 얻는 조건은 행위가 아니라 믿음이라고 말하면서, 아브라함의 예를 든다. 이런 바울의 논지를 통해 의롭다 하심을 믿는 믿음이 무엇인지 더 구체적으로 확인할 수 있다.

2. 하나님께서 아브라함을 의롭게 여기신 이유는 무엇인가?(3절, 창15:6)

말씀 살피기 |

성경이 무엇을 말하느냐 아브라함이 하나님을 믿으매 그것이 그에게 의로 여겨진 바 되었느니라(롬 4:3)

아브람이 여호와를 믿으니 여호와께서 이를 그의 의로 여기시고(창 15:6)

인도자 가이드 |

하나님은 아브라함의 행위를 보고 의롭게 여기신 것이 아니라 하나님의 말씀이 이루실 것을 믿는 그 믿음을 보고 의롭게 여기셨다.

3. 다윗이 말한 복 있는 사람은 어떤 사람인가? 그 이유는 무엇인가?(6-8절, 시32:1)

말씀 살피기 |

일한 것이 없이 하나님께 의로 여기심을 받는 사람의 복에 대하여 다윗이 말한 바, 불법이 사함을 받고 죄가 가리어짐을 받는 사람들은 복이 있고, 주께서 그 죄를 인정하지 아니하실 사람은 복이 있도다 함과 같으니라(롬 4:6~8)

허물의 사함을 받고 자신의 죄가 가려진 자는 복이 있도다(시 32:1)

인도자 가이드 |

아무 행한 것이 없이 불법을 행한 것을 사함 받고, 죄가 가리어짐을 받는 사람, 그 죄가 인정되지 않는 사람은 복이 있다고 말한다. 자신의 노력이 아닌 용서해 주시는 자의 용서로 죄가 없음을 경험하는 것이기 때문에 복이라고 말한다.

4. 할례의 의미는 무엇인가?(11절) 오늘날 우리가 받는 세례와 할례는 같은 의미다. 구원과 관련하여 세례의 의미는 무엇이라고 생각하는가?

말씀 살피기 |

그가 할례의 표를 받은 것은 무할례시에 믿음으로 된 의를 인친 것이니 이는 무할례자로서 믿는 모든 자의 조상이 되어 그들도 의로 여기심을 얻게 하려 하심이라(롬 4:11)

인도자 가이드 |

할례는 믿음으로 받은 의를 인친 것과 같다. 할례를 받음으로 의롭다 함을 받는 것이 아니라 의롭다 함을 받은 증표로 할례를 받는 것이다. 세례는 할례와 같아서, 세례를 받아야 구원받는 것이 아니라 구원받은 증표로 세례를 받고, 믿음으로 구원받았음을 회중 앞에 고백하는 것이 세례다.

5. 아브라함이 왜 우리 모두의 조상이 될 수 있는지 그 이유를 말해 보라(16절). 당신은 아브라함을 믿음의 조상으로 믿는가?

말씀 살피기 |

그러므로 상속자가 되는 그것이 은혜에 속하기 위하여 믿음으로 되나니 이는 그 약속을 그 모든 후손에게 굳게 하려 하심이라 율법에 속한 자에게뿐만 아니라 아브라함의 믿음에 속한 자에게도 그러하니 아브라함은 우리 모든 사람의 조상이라(롬 4:16)

인도자 가이드 |

하나님께서 약속하신 상속자는 율법을 지켰거나 유대인이라는 혈통을 따라 되는 것이 아니라 믿음으로 되는 것이다. 그 믿음의 상속자를 상징하는 사람이 아브라함이고, 따라서 믿음을 가진 자는 다 아브라함의 영적 자손이 되는 것이다.

6. 우리를 의롭게 하는 믿음이란 어떤 것인가? 아브라함의 경우를 예를 들어 설명해 보라(18-22절). 당신에게는 이런 믿음이 있는가?

말씀 살피기 |

아브라함이 바랄 수 없는 중에 바라고 믿었으니 이는 네 후손이 이같으리라 하신 말씀대로 많은 민족의 조상이 되게 하려 하심이라, 그가 백 세나 되어 자기 몸이 죽은 것 같고 사라의 태가 죽은 것 같음을 알고도 믿음이 약하여지지 아니하고, 믿음이 없어 하나님의 약속을 의심하지 않고 믿음으로 견고하여져서 하나님께 영광을 돌리며, 약속하신 그것을 또한 능히 이루실 줄을 확신하였으니, 그러므로 그것이 그에게 의로 여겨졌느니라(롬 4:18~22)

인도자 가이드 |

바랄 수 없는 상황이지만, 하나님의 말씀이기 때문에 그렇게 될 줄을 믿는 것이다. 아브라함의 경우는 백 세나 되어 아이를 낳을 수 없는 상황이지만, 자손이 모래와 같이 많아질 것이라는 하나님의 말씀을 믿고, 확신했다. 하나님은 이것을 그의 의로 여기셨다. 이 믿음도 하나님께서 아브라함에게 주신 것이다. 그러므로 믿음조차도 자랑할 수 없는 것이다. 자기가 믿은 것이 아니라 믿게 하신 것임을 분명히 해야 한다.

7. 우리를 의롭다 하시는 믿음은 어떤 것인지 잘 정리해 보라(24,25절).

말씀 살피기 |

의로 여기심을 받을 우리도 위함이니 곧 예수 우리 주를 죽은 자 가운데서 살리신 이를 믿는 자니라, 예수는 우리가 범죄한 것 때문에 내줌이 되고 또한 우리를 의롭다 하시기 위하여 살아나셨느니라(롬 4:24~25)

인도자 가이드 |

아브라함의 믿음은 바랄 수 없는 중에 믿은 것이다. 마찬가지로 우리도 예수께서 내 죄를 위해서 죽으시고 살아나신 것을 믿으면 구원 받는 사실을 믿는 것이다. 합리적으로, 현실적으로 설명할 수 없지만, 믿음으로 받아들이는 것이다. 이 믿음도 하나님께서 주셔야 가질 수 있는 것이다.

8. 우리가 믿어야 하는 복음은 어떤 내용인지 자기 말로 정리해 고백해 보라(25절).

말씀 살피기 |

예수는 우리가 범죄한 것 때문에 내줌이 되고 또한 우리를 의롭다 하시기 위하여 살아나셨느니라(롬 4:25)

인도자 가이드 |

우리가 믿는 복음은 예수께서 우리 죄를 위해 죽으시고, 우리를 의롭다 하시기 위해서 부활하신 것이다. 하지만 예수님의 죽으심과 부활은 두 개의 사건이 아닌 하나의 사건으로 우리 죄 용서와 의롭다 하심을 위한 하나님의 선물이다. 이 사실을 믿는 자는 의롭다 하심을 받고, 구원 얻는다.

9. 당신은 예수를 믿는가? 예수님에 대한 당신의 믿음을 한 문장으로 말하고 그 이유를 나누어 보라.

"저의 믿음은 ______입니다. 왜냐하면 _____입니다."

인도자 가이드 |

각자의 신앙을 진솔하게 나눌 수 있도록 모든 지체들에게 시간을 주라. 각자의 신앙을 자신이 고민하고, 정리하고, 나누게 하는 작업은 어떤 답을 내든, 성숙을 위해 굉장히 중요한 작업이 된다.

|다짐하기|

10. 하나님께서 우리에게 주신 의롭다 하심은 어떻게 주어진 것인지 정리해 보고, 이 의롭다 하심을 받은 자로서 어떻게 살지를 구체적으로 나누라.

인도자 가이드 |

믿음은 자랑하는 것이 아니지만, 값없이 받은 구원이 정말로 값진 것이라는 사실을 안다면 전하는 삶을 살아야 한다. 써보고 좋아서 소개하는 화장품보다 값싼 것이 구원이 되어서는 안 된다.

|관점얻기|

의롭다 하심에 대한 태도(1-8절)

'하나님 앞에서는 자랑할 것이 없다(2절)'라는 말은 아브라함조차도 행위로 의롭다 하심을 받은 것이 아니기 때문에 우리의 의를 자랑해서는 안 된다는 뜻이다. 우리가 자랑할 수 있는 것은 하나님께서 믿음을 통해 우리에게 선물로 주신 의다. 이것을 성경은 '주 안에서만 자랑해야 한다(고전 1:31)'라고 말한다. 4,5절에서 바울은 품삯을 받는 일꾼의 예화로 율법의 의를 열심히 행한다고 구원이라는 품삯을 받는 것이 아니라고 설명한다. 구원은 행위에 대한 품삯이나 보수가 아니다. 바울은 시편 32장1-5절을 인용하여 행위의 공로가 없어도 의롭다 하심을 받는 자는 복이 있다고 천명한다. 8절의 '죄를 인정하지 않는다'라는 말은 '죄를 결단코 고려하지 않는다' 혹은 '그 죄를 결코 장부에 달지 않는다'라는 뜻이다. 개인에 대한 정죄는 하나님의 주권 아래 있는 것이므로, 그리스도인은 자신의 의를 자랑해서도 안 되지만, 남의 죄를 정죄해서도 안 된다.

할례와 상관없는 의롭다 하심(9-12절)

아브라함은 할례를 받았지만, 할례 때문에 의롭다 하심을 받는 것이 아니다. 아브라함이 받은 의롭다 하심은 할례 이전의 사건이다(창 15장). 바울은 하나님께서 아브라함을 의롭다 하신 것은 오직 그의 믿음 때문이라고 말한다. 이것은 할례가 구원을 준다는 유대인들의 고정관념을 깨뜨리는 것이다. 할례는 지금의 세례와 같다. 할례가 믿음으로 받은 구원의 증표였던 것처럼, 세례 역시 믿음으로 받은 의, 믿음으로 받은 구원의 고백이요, 증표일 뿐이다. 따라서 아브라함의 자손이란 할례를 받은 자들이 아니라 무할례자라 하더라도 믿음으로 구원받은 자들을 말한다. 아브라함의 자손이라는 지위는 혈연을 넘어 믿음으로 말미암아 구원받은 모든 성도를 일컫는다(갈 3:7).

하나님 약속의 상속자(13-25절)

13절의 '세상의 상속자가 되리라'라는 말은 일차적으로 아브라함과 그의 후손이 가나안 땅을 기업으로 차지하게 될 것을 말한다. 궁극적으로는 하늘의 별과 바다의 모래같이 많아질 아브라함의 후손들이 메시아를 통해 받게 될 복을 의미한다. 이 약속의 근거는 율법이 아니라 믿음의 의다. 이 언약은 하나님의 은총과 아브라함의 믿음이라는 이 두 가지에 의해서 이루어진다. 15절은 율법에 속한 사람은 단 한 사람도 약속에 이르지 못하고, 은혜에 속한 자는 유대인이든지 이방인이든지 상관없이 이 약속에 이르게 된다고 설명한다. 약속의 유일한 조건은 믿음이기 때문이다. 은혜에 속하는 길은 예수 그리스도를 믿음으로 받아들이는 것뿐이다.

20절을 다시 번역하면, '하나님의 약속에 관하여 마음으로 다투지 않았다'라고 할 수 있다. 아브라함은 하나님의 말씀에 마음을 고정하고 두 마음을 품지 않았다. 이것이 믿음에 견고히 서는 방법이다. 절망적인 현실에도 불구하고 흔들리거나 동요하지 않도록 우리를 붙잡아 주는 것은 하나님의 말씀이다. 하나님의 약속은 우리의 노력이 아니라 하나님의 은총과 능력에 따라 이루실 것을 믿는 것이 믿음이다. 아브라함의 믿음은 곧 우리를 위한 믿음의 견본과 같다(24절). 믿음으로 의를 얻지 못할 자가 아무도 없듯이 믿음이 아닌 다른 방식으로 의를 얻을 자 또한 아무도 없다(행 4:12). 25절은 예수 그리스도의 죽으심과 부활이 믿는 자들의 칭의를 위한 것임을 진술한다. 예수 그리스도의 죽음과 부활은 결코 분리될 수 없으며, 결국 믿는 자들에게 주어지는 '칭의'라는 하나의 목적을 성취한다.

|청년 자기 체크리스트|

아래의 체크리스트를 가지고 오늘 소그룹 모임에 임한 자신의 태도를 충분히 점검해 보라.

	점검 사항	5	4	3	2	1
준비 및 예습	본 과를 준비하면서 충분히 예습은 하였는가					
	각 과의 분명한 목적은 알고 모임에 임했는가?					
	성령께서 나를 만지시도록 기도로 준비하였는가?					
	소그룹원들을 위해서 중보하였는가?					
	리더를 위해서 중보하였는가?					
	나를 변화시키실 하나님을 기대하는 마음으로 임했는가?					
참여 및 자세	적극적으로 질문과 대답에 참여했는가?					
	정직하게 자신을 오픈했는가?					
	지체들의 발표에 사랑하는 마음으로 공감적 경청을 하였는가?					
	모임 중 성령의 인도하심을 계속적으로 기도했는가?					
	하나님께서 원하시는 것이 무엇인지 분명히 알았는가?					
	발견된 진리를 삶과 인격에 적용하기로 결단했는가?					
	이번주에 중보할 지체를 발견했는가?					
적용 및 결단	삶과 인격 변화를 위한 이번주 자신의 적용은 구체적인가?					
	배운 내용이 삶의 상황에 분명히 적용되었는가?					
	소그룹 모임에 대한 만족감이 있었는가?					
	배운 내용을 분명하게 정리했는가?					
	이번 과의 주제와 목적을 분명히 알게 되었는가?					
	삶과 인격의 변화를 위해 기도할 준비가 되어 있는가?					
평가	이번주 총점					

"그러므로 내 사랑하는 형제들아 견실하며 흔들리지 말고 항상 주의 일에 더욱 힘쓰는 자들이 되라 이는 너희 수고가 주 안에서 헛되지 않은 줄 앎이라" (고전 15:58)

- 이번주 생일자는?
- 이번주 소그룹 특이 사항은?
- 다음주 청년부 행사는?
- 다음주 전도할 대상은?
- 이번 달 암송 구절과 필독서는?

5과
의롭게 된 자의 삶

로마서 5장 1~21절

선물이란 주는 자가 임의로 정하는 것이다.
받는 자의 어떠한 됨됨이나 공로에 근거한 것은
선물이 아니라 상이라고 한다.
그런 의미에서 선물은 상보다 더 큰 즐거움을 준다.
하나님은 상이 아니라 선물로서의 구원을 주셨다.
그런데 문제는 이 선물이 지나치게 값비싸다는 점이다.
선물이 포장되어 있을 때는 모르지만,
선물의 포장이 뜯기고 내용물을 알게 되면,
우리는 이 선물을 주신 분의 사랑에 감격하지 않을 수 없다.
선물에 감격하는 사람은 선물을 보내신 분을 사랑하게 되고
그분이 원하는 것을 함으로 보답하게 된다.
하나님께서 우리에게 주신 구원이라는 선물은
이 땅의 어떤 것으로도 갚을 수 없는 선물이다.
그러므로 이 땅에서 선물을 받은 자로
살아가는 '삶의 보답'이 있어야 한다.
의무로서의 노력이 아니라 반응으로서의 노력이다.
보답으로서의 삶은 어떤 삶일까?

말씀암송 | 로마서 5장 8절

우리가 아직 죄인 되었을 때에 그리스도께서 우리를 위하여 죽으심으로
하나님께서 우리에 대한 자기의 사랑을 확증하셨느니라

|다가서기|

1. 선물을 받아 본 적이 있는가? 당신이 받아본 선물 중 가장 값진 것은 무엇이고, 그때 감정은 어땠는지 나누어 보라.

인도자 가이드 |

예상외의 선물을 받으면 기쁠 수밖에 없고, 감사가 넘치게 된다. 특히나 값진 선물을 의도치 않게 받게 되면 그 사람에게 감사가 넘쳐 보답하고 싶어지는 것이 사람의 인지상정(人之常情)이다. 큰 선물을 주신 하나님께 우리는 그런 인지상정으로서의 신앙이라도 있는지 돌아보라.

|깊이보기|

5장은 믿음으로 의롭다 함을 받은 자가 누리게 되는 복된 결과를 대표와 연합의 원리로 설명한다. 1~11절은 칭의을 얻은 성도들이 누리는 하나님과의 화평과 환난 중에도 연단을 통해 소망을 누리는 것에 대해 말한다. 12~21절은 아담이 범죄함으로 인류에게 전가된 죄책과 그리스도의 은혜로 전가된 의의 선물을 대조하고 있다.

2. 우리는 믿음으로 말미암아 의롭다 하심을 받았다. 이 의로움을 받은 사람이 붙들어야 하는 진리는 무엇인가?(1절)

말씀 살피기 |

그러므로 우리가 믿음으로 의롭다 하심을 받았으니 우리 주 예수 그리스도로 말미암아 하나님과 화평을 누리자(롬 5:1)

인도자 가이드 |

의롭다 함을 받은 사람은 예수 그리스도로 말미암아 하나님과 화평을 누리는 삶을 살아야 한다. 이 삶은 의롭지 못한 생각과 말과 행동을 점검하면서 사는 것이고, 결국 완전한 의로움을 주실 하나님을 바라며 즐거워하며 사는 것이다.

3. 은혜를 받은 사람은 환난 중에도 즐거워할 수 있다(2절). 그 이유는 무엇인가?(3,4절)

말씀 살피기 |

다만 이뿐 아니라 우리가 환난 중에도 즐거워하나니 이는 환난은 인내를, 인내는 연단을, 연단은 소망을 이루는 줄 앎이로다(롬 5:3, 4)

인도자 가이드 |

환난은 인내를 이루고, 인내는 연단을 이루고, 연단은 우리에게 소망을 주기 때문이다. 여기서 '연단(도키메)'이라는 말은 인정받은 자질, 인격을 말하는 것이고, 소망은 장차 우리에게 주실 구원이 성령으로 인해 확증된 것이기 때문에 가지는 바람이다(5절). 우리에게 주신 소망은 부도수표가 아니기 때문에 환난 중에도 즐거워할 수 있는 것이다.

4. 현재 당신이 당하고 있는 환난은 무엇인가? 그 환난 가운데서도 즐거워할 수 있는가? 그럴 수 없다면 그 이유는 무엇이라고 생각하는가?

인도자 가이드 |

환난은 힘든 것이다. 그래서 환난에서 바로 소망으로 갈 수는 없다. 환난은 먼저 인내하는 것이 필요하다. 인내가 쌓이면, 인격이 되고, 그런 과정에서 우리는 참 소망을 배우고 즐거워할 수 있게 된다. 시간이 필요함을 인지시키고, 환난 앞에서 무엇보다 먼저 인내를 점검할 수 있도록 도우라.

5. 하나님께서 우리에 대한 사랑을 확증하신 방법은 무엇이고(8,9절), 그 결과는 무엇인가?(10,11절)

말씀 살피기 |

우리가 아직 죄인 되었을 때에 그리스도께서 우리를 위하여 죽으심으로 하나님께서 우리에 대한 자기의 사랑을 확증하셨느니라, 그러면 이제 우리가 그의 피로 말미암아 의롭다 하심을 받았으니 더욱 그로 말미암아 진노하심에서 구원을 받을 것이니(롬 5:8.9)

곧 우리가 원수 되었을 때에 그의 아들의 죽으심으로 말미암아 하나님과 화목하게 되었은즉 화목하게 된 자로서는 더욱 그의 살아나심으로 말미암아 구원을 받을 것이니라, 그뿐 아니라 이제 우리로 화목하게 하신 우리 주 예수 그리스도로 말미암아 하나님 안에서 또한 즐거워하느니라(롬 5:10,11)

인도자 가이드 |

우리가 하나님과 원수 된 죄인이었을 때, 아무 조건 없이 우리를 대신하여 십자가에서 우리의 죗값을 지고 죽으신 것이다. 그 결과 우리는 하나님과 화목하게 되어 구원을 받게 되었고, 이제는 구원받음을 인해 즐거워할 수 있게 되었다.

6. 당신은 주님이 당신을 사랑하신다고 믿는가? 그렇지 못하다면 그 이유는 무엇이고, 그렇다면 그 이유는 무엇인지 실생활에서 그 증거를 하나 찾아 제시해 보라.

인도자 가이드 |

하나님의 사랑은 하나님의 원수요, 죄인이었던 우리를 위해 가장 소중한 아들을 주신 것이다. 가장 소중한 것을 희생해서, 값어치 없는 우리를 구원하신 것이다. 이 큰 은혜를 기억할 때, 삶에서 느끼는 어려움과 고달픔을 견딜 수 있다. 가장 소중한 것을 주신 분이 그보다 못한 것은 당연히 주실 것이기 때문이다. 사랑은 죽음보다 강한 힘이다. 구체적으로 삶에서 하나님이 나를 사랑하시는 증거를 찾을 수 있도록 도우라.

7. 12~21절까지는 아담과 예수를 비교한다. 아담이 한 일과 예수가 한 일을 비교해 보라.

	아담이 한 일	예수가 한 일
16절	범죄함으로 심판이 옴	구원하심으로(은사) 의롭다 함이 옴
17절	사망이 왕노릇함	생명 안에서 왕노릇함
18절	정죄에 이름	생명에 이름

말씀 살피기 |

또 이 선물은 범죄한 한 사람으로 말미암은 것과 같지 아니하니 심판은 한 사람으로 말미암아 정죄에 이르렀으나 은사는 많은 범죄로 말미암아 의롭다 하심에 이름이니라(롬 5:16)

한 사람의 범죄로 말미암아 사망이 그 한 사람을 통하여 왕 노릇 하였은즉 더욱 은혜와 의의 선물을 넘치게 받는 자들은 한 분 예수 그리스도를 통하여 생명 안에서 왕 노릇 하리로다(롬 5:17)

그런즉 한 범죄로 많은 사람이 정죄에 이른 것 같이 한 의로운 행위로 말미암아 많은 사람이 의롭다 하심을 받아 생명에 이르렀느니라(롬 5:18)

8. 우리는 아담의 불순종으로 태어날 때부터 죄인이다. 이런 우리에게 율법이 주어진 이유는 무엇인가?(20절)

말씀 살피기 |

율법이 들어온 것은 범죄를 더하게 하려 함이라 그러나 죄가 더한 곳에 은혜가 더욱 넘쳤나니(롬 5:20)

인도자 가이드 |

율법은 우리가 죄인인 것을 깨닫게 하는 역할을 한다. 율법이 없었다면, 우리는 죄인인지 자각하지도 못했을 것이다. 그런 의미에서 율법은 우리에게 범죄를 더하게 한다고 표현하는 것이다. 그래서 우리가 죄의 대가로 죽을 수 밖에 없음을 깨닫게 한다. 율법은 나쁜 것이 아니라 우리의 죄인 됨을 확인하는 도구로서의 역할을 한다.

9. 우리는 예수님의 순종하심으로 은혜 아래 거하게 된다. 우리를 은혜 아래 거하는 자로 삼으신 이유는 무엇인가?(21절)

말씀 살피기 |

이는 죄가 사망 안에서 왕 노릇 한 것 같이 은혜도 또한 의로 말미암아 왕 노릇 하여 우리 주 예수 그리스도로 말미암아 영생에 이르게 하려 함이라(롬 5:21)

인도자 가이드 |

예수 그리스도의 십자가로 인한 구원의 은혜는 주님의 의로우심을 우리에게 입혀주심이다. 그래서 결국은 영생에 이르게 한다. 은혜를 주시는 목적은 영생에 이르게 하려는 것이다. 우리는 이 땅에서 영생을 살다가 죽음 너머에 있는 온전한 영생에 이르게 된다.

10. 은혜받은 자가 살아야 하는 영생의 삶은 어떤 것인지 자기 생각을 나누어 보라(cf.요17장3절).

말씀 살피기 |

영생은 곧 유일하신 참 하나님과 그가 보내신 자 예수 그리스도를 아는 것이니이다(요 17:3)

인도자 가이드 |

영생은 죽어서 영원히 사는 것이 아니라 일차적으로 유일하신 하나님과 예수 그리스도를 아는 것이다. 그러므로 영생은 이 땅에서 시작하는 개념이다. 죽어서 시작하는 개념이 아니다. 은혜받은 자는 이 땅에서 부지런히 하나님과 주님을 알아가는 영생의 삶을 살다가 죽음 너머에 있는 온전한 영생을 맞이해야 한다.

|다짐하기|

11. 예수의 은혜로 구원을 받은 사람이 땅에서 살아야 하는 삶을 구체적으로 정하고, 그중에 자신도 실천하고 싶은 하나를 나누어 보라.

인도자 가이드 |

구원 얻은 자는 환난 가운데 인내하며, 소망의 자리까지 나아가야 한다. 주신 선물을 누군가에게 나누어야 하고, 하나님과 예수 그리스도를 알아가는 영생의 삶을 살아야 한다. 이를 위해 각 개인이 구체적으로 어떤 일을 할 수 있는지 정하게 하고, 구체적이고 실천 가능한 일을 다짐할 수 있도록 도우라.

|관점얻기|

그리스도의 죽으심으로 확증된 사랑(1~11절)

1~5절까지는 믿음으로 의롭다 하심을 얻은 자가 하나님과 화평을 누리고 환난 가운데 소망을 가질 수 있음을 말한다. 1절은 '우리가 하나님과 함께 화평을 가지는 중이다'라는 뜻으로, 계속해서 화평을 누려가고 있음을 말한다. 여기서 '화평(에이레네)'은 '평화, 화합, 건강' 등의 뜻을 가지는 우리가 아는 샬롬이다. 평화는 하나님과 완전한 화목을 통해 주어지는 평온이다. 이 화평을 우리는 이미 소유하고 있으며, 그 상태가 계속되고 있다(2절).

'환난(들립시스)'은 '짜내다, 누르다, 분쇄하다'라는 의미로, 우리를 힘들게 하는 내, 외적인 것들을 말한다. 이 환난은 하나님 나라를 향해 가는 모든 그리스도인이 통과해야 하는 필수과정이다. 환난은 계속적으로 인내를 가져오고, 인내는 연단을, 연단은 계속적으로 소망을 가져온다. '인내(휘포모네)'는 '~아래에 머물다'라는 뜻으로, 참고 견디는 것을 말하고, '연단(도키메)'은 인정받은 품질, 성품, 인격을 말한다. 이런 훈련되어 인정받은 인격은 어떤 환난 가운데서도 소망을 잃어버리지 않게 된다. 이 소망은 우리를 실망시키지 않는다. 그 이유는 성령을 통해 하나님의 사랑이 우리 마음속에 쏟아 부어졌기 때문이다.

하나님은 우리가 죄인 되고 원수 되어, 도덕적으로 완전히 무기력한 상태에 있을 때, 우리를 사랑하셔서 그 영적 무기력함에서 벗어날 수 있도록 당신의 아들을 주셨다. 가장 소중한 아들을 주심으로 무가치한 우리를 구원하셨기 때문에, 우리는 하나님께서 우리를 사랑하신다고 확신하게 된다. 지금도 하나님은 우리를 사랑하신다는 사실을 능동적으로, 반복적으로 입증해 가신다. 그러므로 우리는 하나님과 더불어 화목을 누리고, 더불어 구원을 얻게 된다(9,10절). 하나님과 우리의 화해는 그리스도의 죽으심으로 인해 일방적으로 주어진 선물이다(엡 2:8,9). 그러므로 의롭다 하심을 받은 자에게는 자발적인 즐거움이 주어진다.

아담과 예수(12~21절)

바울은 우리가 구원을 얻는 원리를 '대표와 연합의 원리'에서 설명한다. 모든 인간은 아담의 불순종으로 인해 죄인이 되었지만, 새로운 인류의 대표이시고 두 번째 아담으로 오신 예수 그리스도의 순종을 통해 믿음 안에서 죄 용서함을 받고 의롭다 하심을 얻게 된다. 이것이 가능한 이유는 아담과 예수가 우리를 대표하고 우리와 연합해 있기 때문이다.

사망이 인류 전체를 지배하는 현실은 죄가 세상에 들어왔음을 입증하는 근거다. '죄(하마르티아)'는 '과녁을 맞히지 못하다'라는 뜻으로, 하나님의 뜻을 따르지 못한 잘못을 말한다. 아담의 범죄 이후 죄는 계속해서 인류 가운데 있으며, 그 죄의 지배로 사람들은 죽음을 맞이한다. 하지만 예수 그리스도의 희생적 사랑으로 모든 믿는 자는 의로움을 얻게 되었고(Justification), 성화를 거쳐(Sanctification), 영생에 이르게 된다. 아담의 범죄와 대조되는 '은사(카리스마)'는 '거저 받은 선물'이라는 뜻으로, 일방적으로 하나님께서 우리에게 주신 생명의 선물을 뜻한다(15절).

바울은 '아담'과 '예수'를 대조하며, '심판'과 '은사'를, '한 사람을 인하여'와 '많은 범죄를 인하여'를, 그리고 '정죄에 이르렀으나'와 '의롭다 하심에 이름이니라'를 대조한다. 아담의 행위는 많은 사람을 정죄에 이르게 하지만, 그리스도의 행위는 많은 사람을 칭의와 생명에 이르게 한다(18절).

모세의 율법은 아담의 범죄와 그리스도의 구속 사이에 위치한다.

그 이유는 인간의 죄를 깨닫게 하고, 이 죄의 참상을 통해 절대로 구원받을 수 없지만, 예수의 구속 사역으로 영생을 얻게 됨을 강조하기 위해서다. 그래서 죄가 더 많아지고 많이 드러날수록 믿는 자는 하나님의 용서가 얼마나 큰 것인가를 깨닫게 된다. 죄가 더 커져 보일수록, 은혜도 커져 보이게 된다. 죄와 은혜는 동일하게 사람들에게 왕 노릇하지만, 죄는 모든 자에게, 은혜는 특정한 자에게 효력을 발생한다.

|청년 자기 체크리스트|

아래의 체크리스트를 가지고 오늘 소그룹 모임에 임한 자신의 태도를 충분히 점검해 보라.

	점검 사항	5	4	3	2	1
준비 및 예습	본 과를 준비하면서 충분히 예습은 하였는가					
	각 과의 분명한 목적은 알고 모임에 임했는가?					
	성령께서 나를 만지시도록 기도로 준비하였는가?					
	소그룹원들을 위해서 중보하였는가?					
	리더를 위해서 중보하였는가?					
	나를 변화시키실 하나님을 기대하는 마음으로 임했는가?					
참여 및 자세	적극적으로 질문과 대답에 참여했는가?					
	정직하게 자신을 오픈했는가?					
	지체들의 발표에 사랑하는 마음으로 공감적 경청을 하였는가?					
	모임 중 성령의 인도하심을 계속적으로 기도했는가?					
	하나님께서 원하시는 것이 무엇인지 분명히 알았는가?					
	발견된 진리를 삶과 인격에 적용하기로 결단했는가?					
	이번주에 중보할 지체를 발견했는가?					
적용 및 결단	삶과 인격 변화를 위한 이번주 자신의 적용은 구체적인가?					
	배운 내용이 삶의 상황에 분명히 적용되었는가?					
	소그룹 모임에 대한 만족감이 있었는가?					
	배운 내용을 분명하게 정리했는가?					
	이번 과의 주제와 목적을 분명히 알게 되었는가?					
	삶과 인격의 변화를 위해 기도할 준비가 되어 있는가?					
평가	이번주 총점					

"그러므로 내 사랑하는 형제들아 견실하며 흔들리지 말고 항상 주의 일에 더욱 힘쓰는 자들이 되라 이는 너희 수고가 주 안에서 헛되지 않은 줄 앎이라" (고전 15:58)

- 이번주 생일자는?
- 다음주 청년부 행사는?
- 이번 달 암송 구절과 필독서는?
- 이번주 소그룹 특이 사항은?
- 다음주 전도할 대상은?

6과
함께 죽고, 함께 살기

로마서 6장 1~23절

두 사람이 만나서 연애를 하는 것과
결혼을 하는 것은 굉장한 차이가 있다고들 한다.
결혼이 힘든 많은 이유가 있겠지만,
연애는 서로의 장점을 누리는 것이라면,
결혼은 서로의 단점을 책임지는 것이기 때문이리라!
좋은 연애는 서로의 장단점을 함께 알아가는 것인데,
보통의 연애는 서로의 장점에 취한 나머지 단점을 간과하는 경우가 많다.
그래서 결혼하여 함께하는 것이 힘들어지는 것이다.
함께 한다는 것은 쉬운 일이 아니다.
평생을 다르게 살다가 함께 맞춰가야 하기 때문이고,
나의 좋음이 상대에게 싫음이 되기도 하고,
나의 원함이 상대에게는 부담이 되기도 하기 때문이다.
성경은 우리에게 믿는 자는 그리스도와 함께 한 자라고 말한다.
그래서 신앙생활이 힘든 것일까?
주님도 우리와 함께하는 것이 힘드실 것 같고,
나도 때로는 믿는다는 것이 불편할 때가 많다.
과연 성경에 말하는 함께함이란 뭘까?
이 함께함의 영광을 온전히 알아갈 때
신앙생활은 우리에게 가장 행복한 시간이 될 것이다.

말씀암송 | 로마서 6장 23절

죄의 삯은 사망이요 하나님의 은사는 그리스도 예수 우리 주 안에 있는 영생이니라

|다가서기|

1. 이인삼각(二人三脚) 발목 묶고 달리기를 해 본 적이 있는가? 불편했던 점과 그때의 느낌을 나누어 보라.

인도자 가이드 |

이인삼각 게임은 두 사람이 하나 되지 않으면 여간 어려운 것이 아니다. 함께 내딛지 않으면 발목이 쓸리고, 앞으로 나갈 수도 없고, 결국 결승선에 빨리 들어올 수 없게 된다. 이 질문을 통해 하나 되는 것이 얼마나 어려운지에 초점을 맞춘다. 그리고 우리가 그리스도와 하나 되어 살아야 하는 존재임을 상기시키고, 신앙생활의 어려움들을 나누는 도구로 삼으라.

|깊이보기|

6장은 그리스도를 믿음으로 의롭다 함을 받은 자가 삶에서 하나님을 닮아 거룩하게 되는 길을 다룬다. 1~11절은 성도가 성화 되어가는 근거인 그리스도와의 연합과 죄에 대한 죽음에 대해서 다루고, 12~23절까지는 성도는 필연적으로 거룩함에 이르는 의의 종으로 살아야 함과 그 최종 결과로 영생이 주어짐을 말한다.

2. 우리가 받는 세례(침례)는 영적으로 어떤 의미가 있다고 말하는가?(3,4절)

말씀 살피기 |

무릇 그리스도 예수와 합하여 세례를 받은 우리는 그의 죽으심과 합하여 세례를 받은 줄을 알지 못하느냐, 그러므로 우리가 그의 죽으심과 합하여 세례를 받음으로 그와 함께 장사되었나니 이는 아버지의 영광으로 말미암아 그리스도를 죽은 자 가운데서 살리심과 같이 우리로 또한 새 생명 가운데서 행하게 하려 함이라(롬 6:3,4)

인도자 가이드 |

세례는 예수 그리스도의 죽으심처럼 우리도 그와 하나가 되어 죽었음을 고백하는 것이다. 그리스도께서 죽었다가 살아나셨기 때문에, 그와 하나 된 우리도 결국 새 생명 가운데 살아가야 함을 말하는 것이다.

3. 세례의 의미를 생각할 때 그리스도인이 된다는 것은 무엇을 의미하는가?(6,7절)

말씀 살피기 |

우리가 알거니와 우리의 옛 사람이 예수와 함께 십자가에 못 박힌 것은 죄의 몸이 죽어 다시는 우리가 죄에게 종 노릇 하지 아니하려 함이니, 이는 죽은 자가 죄에서 벗어나 의롭다 하심을 얻었음이라(롬 6:6,7)

인도자 가이드 |

그리스도인이 된다는 것은 그리스도와 온전히 하나가 된다는 뜻이다. 내가 주 안에, 주가 내 안에 계신 것이 되기 때문에, 주님의 죽으심처럼 나도 죄에 대하여 죽고, 주의 살으심처럼 나도 의 가운데 살겠노라고 하는 다짐을 수반한다.

4. 그리스도와 하나 된 자는 어떻게 살아야 하는지 바울이 말하는 두 가지 삶의 기준을 찾아보라(12,13절).

1) 12절 : 우리의 몸을 사욕(육체의 욕망)을 채우는데 사용하지 말아야 한다.

말씀 살피기 |

그러므로 너희는 죄가 너희 죽을 몸을 지배하지 못하게 하여 몸의 사욕에 순종하지 말고(롬 6:12)

인도자 가이드 |

여기서 '사욕(에피뒤미아)'은 '충동, 욕망, 갈망' 등을 의미한다. 윤리적으로 부정한 것이나 세속적인 욕심을 채우는데, 우리의 몸을 사용하면 안 된다. 내 삶의 부정적인 부분을 점검할 수 있도록 도우라.

2) 13절 : 우리의 몸의 각 부분을 의를 위해 사용해야 한다.

말씀 살피기 |

또한 너희 지체를 불의의 무기로 죄에게 내주지 말고 오직 너희 자신을 죽은 자 가운데서 다시 살아난 자 같이 하나님께 드리며 너희 지체를 의의 무기로 하나님께 드리라(롬 6:13)

인도자 가이드 |

12절에 비해 더 적극적으로 우리의 몸을 긍정적이고 선한 일에 사용하라는 말이다. 특별히 무기라는 단어를 사용한 것은 적극적으로 죄를 공격하고, 싸우는 데 몸을 사용하라는 의미를 내포한다. 내 삶에서 시정해야 할 부분, 노력해야 할 부분들을 점검하도록 도우라.

5. 우리가 아무리 노력해도 때로는 죄 가운데 넘어질 때가 있다. 그런데도 죄가 우리를 주장하지 못하는 이유는 무엇이고, 넘어졌을 때는 어떻게 해야 하는가?(14절)

말씀 살피기 |

죄가 너희를 주장하지 못하리니 이는 너희가 법 아래에 있지 아니하고 은혜 아래에 있음이라(롬 6:14)

인도자 가이드 |

죄가 우리를 주장하지 못하는 이유는 우리가 죄의 법이 아니라 하나님의 은혜 아래 있기 때문이다. 이것은 그리스도와 연합한 자에게만 주어지는 특권이다. 우리는 모든 죄를 용서받는 은혜 아래 있으므로, 넘어지는 순간이 찾아올 때 포기하지 말고, 내가 행한 짓이 죄라는 고백과 뉘우침을 하나님께 올려드려야 한다. 습관적인 범죄를 합리화하지 말고, 계속해서 죄를 죄로 고백하고, 죄와 싸우는 삶을 살아야 한다.

6. 우리가 죄와 관련하여 하나님께 감사해야 하는 이유는 무엇인가?(17,18절)

말씀 살피기 |

하나님께 감사하리로다 너희가 본래 죄의 종이더니 너희에게 전하여 준 바 교훈의 본을 마음으로 순종하여, 죄로부터 해방되어 의에게 종이 되었느니라(롬 6:17,18)

인도자 가이드 |

우리는 본래 죄의 종이었지만, 구원의 복음을 받아들이므로 죄로부터 해방되어 의의 종이 되었기 때문이다. 예수께서 죄의 노예 시장에 들어오셔서 당신의 생명 값을 주시고 죄의 노예였던 우리를 사셨다. 그것이 '구속'이다. 그러므로 우리는 우리의 근본적인 신분을 바꾸어 주신 하나님께 감사하는 것이다.

7. 자신을 의의 종으로 내어주고 거룩함에 이르려고 하는 사람에게는 하나의 특징이 있는데, 그것은 무엇인가?(21절) 당신에게도 이런 특징이 있는가?

말씀 살피기 |

너희가 그 때에 무슨 열매를 얻었느냐 이제는 너희가 그 일을 부끄러워하나니 이는 그 마지막이 사망임이라(롬 6:21)

인도자 가이드 |

의의 종이 되어 거룩함에 이르려고 하는 그리스도인의 가장 큰 특징은 과거 지은 죄와 그 열매를 부끄러워한다는 점이다. 내 속에 성령이 거하시는 사람은 죄를 부끄러워한다. 하지만 내 속에 성령이 없는 사람은 죄를 죄로 여기지 않고 부끄러워하지도 않는다. 이런 특징이 성령의 사람에게 나타나는 것은 부끄러운 죄를 하나님께 계속해서 가지고 나아가도록 하기 위한 것이다.

8. 이 땅에서의 삶은 거룩함에 이르는 열매를 맺기 위한 농사와 같다. 이 농사의 최종 열매는 무엇인가?(22절)

말씀 살피기 |

그러나 이제는 너희가 죄로부터 해방되고 하나님께 종이 되어 거룩함에 이르는 열매를 맺었으니 그 마지막은 영생이라(롬 6:22)

인도자 가이드 |

거룩함에 이르는 열매의 마지막은 영생이다. 영생이라는 열매는 우리가 맺는 것이 아니라 하나님께서 맺게 하시는 것이다. 하나님께서 우리의 신분을 바꾸셔서 주시는 것이므로, 자랑할 것이 없고, 오로지 감사한 이유가 될 뿐이다.

9. 신앙생활을 하면서 당신이 맺고 있는 열매는 어떤 것인가? 그렇게 생각하는 이유는 무엇인가?(cf.갈5:22,23)

말씀 살피기 |

오직 성령의 열매는 사랑과 희락과 화평과 오래 참음과 자비와 양선과 충성과, 온유와 절제니 이같은 것을 금지할 법이 없느니라(갈 5:22,23)

인도자 가이드 |

성령의 열매는 우리가 이 땅을 살면서 맺어가야 하는 열매다. 성령의 열매는 각각의 열매가 아니라 포도송이와 같이 함께 자라는 열매라는 사실을 기억해야 한다. 부족하다고 생각되는 부분에 나의 연약함이 있음을 인지하고 기도의 제목으로 삼으면 된다.

10. 바울이 말하는 사망과 영생의 특징과 차이점을 정리해서 자기 말로 나누어 보라(23절).

말씀 살피기 |

죄의 삯은 사망이요 하나님의 은사는 그리스도 예수 우리 주 안에 있는 영생이니라(롬 6:23)

인도자 가이드 |

사망은 우리가 지은 죄의 값으로 주어지는 것이다. 우리가 평생을 살면서 단 한 번의 죄를 지어도 그 값은 사망이라는 뜻이고, 사망에서 벗어날 수 없다는 말이다. 하지만 영생은 우리의 선한 행위의 값이 아니라 하나님께서 주시는 은사, 곧 선물이다. 선물은 주시는 자의 온전한 결정에 따라 주어지는 것이다. 마땅히 사망을 받아야 할 자들에게 영생이 주어진 것이므로, 감사할 따름이다.

|다짐하기|

11. 그리스도와 온전히 하나 되어 함께 죽고, 함께 살기 위해서 내가 할 수 있는 구체적이고, 실천 가능한 일을 찾아 작정하고 그룹원들과 나누어 보라.

인도자 가이드 |

특별히 우리의 몸을 의의 무기가 되게 하는 것과 성령의 열매를 맺어가는 습관의 차원에서 구체적으로 나누도록 도우라. 말씀과 기도라는 추상적인 답변보다 구체적이고 실천 가능한 결단들을 찾고, 한 주 뒤에 잘 수행한 그룹원에게 시상도 하는 도구로 삼아도 좋다.

|관점얻기|

그리스도와 함께 죽고 함께 사는 것(1~11절)

인간이 의롭게 되는 것은 자신의 행위나 혈통으로 되는 것이 아니다. 바울이 전한 복음은 율법주의자들에게 율법이나 행위의 폐기를 주장하는 것으로 오해될 수 있었다. 그런 상황에서 바울은 은혜는 죄를 조장하는 것이 아니라 죄를 짓지 못하게 하는 능력임을 강조한다. 죄 가운데 하나님의 은혜가 임했지만, 죄와 은혜가 공존할 수는 없다. 은혜는 예수의 대속적 구원을 믿는 자에게만 유효하며, 믿는 순간 죄와 상관없는 새 신분에 이르게 한다. 아담의 죄책과 오염은 인간 스스로 해결할 수 없는 문제이기 때문에 하나님께서 은혜를 베푸셔서 구원을 주셨지만, 계속해서 죄에 머물기를 고집하면 그에게는 은혜 대신 형벌이 임하게 된다.

그렇다고 성도가 이 세상에서 죄를 완전히 끊을 수 있다는 말은 아니다. 그리스도와 연합한 성도는 본질상 용서함을 받는다. 그것을 상징하는 것이 세례다. 세례는 '씻음'과 '연합'을 의미한다. 물세례는 공교회 앞에서 우리의 믿음을 고백하는 것이고, 그리스도와 연합하는 성령 세례의 상징이다. 그리스도와 연합한 자는 그의 죽으심과도 연합하여 자신도 죄로부터 죽은 것이다. 예수와 연합하여 '죄의 종노릇하던 자아'가 없어짐으로써 죄의 지배력이 상실되고, 죄에 대한 우리의 채무가 사라지고, 이후로는 죄와 상관없는 새로운 신분이 된다. 예수께서 이미 속죄 사역을 한 번에, 완전히 이루셨기 때문에 이제 우리에게 요구되는 것은 거룩함에 이르려는 노력과 결심이다.

함께 죽고 함께 사는 자의 삶(12~23절)

죄가 왕 노릇하는 상태는 인간이 영적으로 죽은 상태다. 12절의 '사욕(에피뒤미아)'이라는 말은 인간의 성적 욕망, 물질적 향유, 타인의 재물을 탐내는 것 등을 말한다. 육체의 소욕은 성령의 소욕과 대립되기 때문에, 사욕에 자신을 방치하면 성령을 거스를 수밖에 없다. 13절의 '드리다(파리스테미)'라는 말은 '옆에 놓다, 마음대로 하게 하다, 바치다'라는 의미로, 자신을 죄의 곁에 두지 말라는 말이면서 동시에 우리의 전인격을 의의 도구로 사용하시도록 하나님께 제공하라는 말이다.

이 말은 주인을 바꿈으로 자신의 신분을 바꾸는 일종의 법적 용어다. '지체(멜로스)'는 우리의 전인격을 의미하고, 우리는 전인격을 불의한 행동이 아니라 의로운 삶을 위해 쓰는 도구로 삼아야 한다. 은혜 아래 있다는 것은 죄의 활동 중단을 의미하는 것이 아니라 죄로부터의 안전과 격리를 의미한다. 죄가 더 이상 우리에게 주인 행세하기가 불가능하게 된 이유는 예수 그리스도가 우리의 주인이 되셨기 때문이다. 그러므로 은혜 아래 있으면 무조건 죄를 지어도 된다는 뜻이 아니다. 바울은 '결단코 그런 일은 없다'라고 단언한다.

은혜 아래 있다는 말은 언제든지 모든 일에 은혜의 원천이신 그리스도를 선택하고, 그분이 기뻐하시는 행위를 선택해야 한다는 말이다. 비록 실패하더라도 죄와 싸우는 삶을 포기하지 않음으로 나는 은혜 아래 있다는 것을 증명해 보이는 삶이 의의 종의 삶이다.

17절의 '교훈의 본(튀폰 디다케스)'이라는 말은 '어떤 형태를 찍어내는 틀'이라는 의미로 쓰인다(롬 5:14; 고전 10:11). 이 말은 그리스도의 교훈이라는 틀에서 그리스도인의 삶이 만들어진다는 뜻이다. 그러므로 그리스도와 함께 죽고 함께 산 그리스도인은 그리스도의 교훈을 부지런히 배우고 익히며 삶의 원형을 찍어내야 한다.

19절의 '사람의 예대로(안드로피노스)'라는 말은 '인간의 방식을 따라, 인간사에 비추어' 등으로 해석할 수 있다. 바울은 그 당시 노예의 삶에 비추어 의에게 종으로 드려지는 삶을 설명한다. 의로 거룩케 된 사람은 과거의 모습을 자연스럽게 부끄러워할 수밖에 없다. '죄의 삯'과 '하나님의 은사'를 대조하고, '사망'과 '영생'을 대조하여, 죄의 특성과 영생의 특성을 설명한다. 영생은 우리가 보수로 얻은 것이 아니라 선물로 받은 것이므로 하나님께 감사해야 한다.

|청년 자기 체크리스트|

아래의 체크리스트를 가지고 오늘 소그룹 모임에 임한 자신의 태도를 충분히 점검해 보라.

점검 사항		5	4	3	2	1
준비 및 예습	본 과를 준비하면서 충분히 예습은 하였는가					
	각 과의 분명한 목적은 알고 모임에 임했는가?					
	성령께서 나를 만지시도록 기도로 준비하였는가?					
	소그룹원들을 위해서 중보하였는가?					
	리더를 위해서 중보하였는가?					
	나를 변화시키실 하나님을 기대하는 마음으로 임했는가?					
참여 및 자세	적극적으로 질문과 대답에 참여했는가?					
	정직하게 자신을 오픈했는가?					
	지체들의 발표에 사랑하는 마음으로 공감적 경청을 하였는가?					
	모임 중 성령의 인도하심을 계속적으로 기도했는가?					
	하나님께서 원하시는 것이 무엇인지 분명히 알았는가?					
	발견된 진리를 삶과 인격에 적용하기로 결단했는가?					
	이번주에 중보할 지체를 발견했는가?					
적용 및 결단	삶과 인격 변화를 위한 이번주 자신의 적용은 구체적인가?					
	배운 내용이 삶의 상황에 분명히 적용되었는가?					
	소그룹 모임에 대한 만족감이 있었는가?					
	배운 내용을 분명하게 정리했는가?					
	이번 과의 주제와 목적을 분명히 알게 되었는가?					
	삶과 인격의 변화를 위해 기도할 준비가 되어 있는가?					
평가	이번주 총점					

"그러므로 내 사랑하는 형제들아 견실하며 흔들리지 말고 항상 주의 일에 더욱 힘쓰는 자들이 되라 이는 너희 수고가 주 안에서 헛되지 않은 줄 앎이라" (고전 15:58)

- 이번주 생일자는?
- 이번주 소그룹 특이 사항은?
- 다음주 청년부 행사는?
- 다음주 전도할 대상은?
- 이번 달 암송 구절과 필독서는?

7과
곤고한 자의 신앙생활

로마서 7장 1~25절

'설상가상(雪上加霜)'이라는 말이 있다.
이 말은 눈 위에 또 서리가 덮인다는 뜻으로,
난처한 일이나 불행이 잇따라 일어남을 일컫는 말이다.
살면서 한 번 이상은 경험하는 상황이
바로 설상가상의 상황이다.
이럴 때 우리는 어떤 모습을 취하는가?
이러지도 저러지도 못한다는 말은
우리 힘으로는 어떻게 할 수가 없다는 뜻이다.
죄의 문제도 설상가상의 문제다.
거듭난 그리스도인은 틀림없이 죄의 문제를 해결 받았지만,
실제로는 여전히 죄의 충동을 느끼고 경험한다.
이런 상황의 갈등이 바로 신앙생활의 갈등이다.
우리에게도 누군가가 필요하다.
이런 죄의 설상가상과 같은 상황은
어떻게 살아야 하는지 살펴보자.

말씀암송 | 로마서 7장 23~24절

내 지체 속에서 한 다른 법이 내 마음의 법과 싸워 내 지체 속에 있는 죄의 법으로 나를 사로잡는 것을 보는도다, 오호라 나는 곤고한 사람이로다 이 사망의 몸에서 누가 나를 건져내랴

|다가서기|

1. 이러지도 저러지도 못하는 상황을 맞닥뜨린 적이 있는가? 그때의 마음과 어떤 경우였는지를 가볍게 나누어 보라.

인도자 가이드 |

이러지도 저러지도 못하는 상황이란 우리 힘으로는 어쩔 수 없는 상황이란 뜻이다. 그럴 때는 누군가의 도움이 필요하다. 우리가 죄와 싸우는 문제가 그러함을 밝히고, 누군가의 도움이 없이는 불가능함을 예수 그리스도의 도우심에 빗대어 도입으로 삼으라.

|깊이보기|

로마서 7장은 죄와 싸우는 그리스도인의 모습을 담고 있다. 1~6절까지는 혼인 비유를 통해 의롭다 하심을 받은 성도의 특권이 율법의 정죄로부터 자유롭게 되는 것임을 말하고, 7~13절은 율법의 역할이란 죄를 깨닫게 하는 것이라는 사실을 말하면서, 결코 율법 자체가 죄일 수 없음을 말한다. 14~25절은 죄와 싸울 수밖에 없는 그리스도인의 내적 갈등을 다룬다.

2. 바울은 믿기 전 우리의 모습을 어떻게 묘사하고 있는가?(5절)

말씀 살피기 |

우리가 육신에 있을 때에는 율법으로 말미암는 죄의 정욕이 우리 지체 중에 역사하여 우리로 사망을 위하여 열매를 맺게 하였더니(롬 7:5)

인도자 가이드 |

율법으로 말미암는 죄의 정욕이 우리 중에 역사하여 사망을 위하여 열매 맺는 삶을 사는 모습이었다. 바울은 한 여자가 남편이 죽기 전에는 그 남편의 법에서 벗어나지 못하는 그 당시 혼인법을 가지고 우리가 과거에 율법이라는 남편의 법을 따라 사망을 낳는 인생이었다고 말한다.

3. 믿고 난 우리의 모습은 어떤 모습인지 묘사해 보라(4,6절).

말씀 살피기 |

그러므로 내 형제들아 너희도 그리스도의 몸으로 말미암아 율법에 대하여 죽임을 당하였으니 이는 다른 이 곧 죽은 자 가운데서 살아나신 이에게 가서 우리가 하나님을 위하여 열매를 맺게 하려 함이라(롬 7:4)

이제는 우리가 얽매였던 것에 대하여 죽었으므로 율법에서 벗어났으니 이러므로 우리가 영의 새로운 것으로 섬길 것이요 율법 조문의 묵은 것으로 아니할지니라(롬 7:6)

인도자 가이드 |

그리스도와 함께 죽고 산 우리는 율법에 대하여 죽었으므로 이제는 하나님을 위하여 열매 맺는 삶을 살게 되었다. 이제는 율법에서 벗어나 새로운 성령으로 섬기고, 율법의 조문에 의해 지배당하지 않게 되었다.

4. 바울은 율법이 죄는 아니라고 말하면서, 율법의 기능이 어떤 것이라고 설명하는가?(7절)

말씀 살피기 |

그런즉 우리가 무슨 말을 하리요 율법이 죄냐 그럴 수 없느니라 율법으로 말미암지 않고는 내가 죄를 알지 못하였으니 곧 율법이 탐내지 말라 하지 아니하였더라면 내가 탐심을 알지 못하였으리라(롬 7:7)

인도자 가이드 |

율법이나 계명은 죄가 아니며 그 자체로 거룩하다(12절). 율법의 조문은 무엇이 죄인지를 깨닫게 하는 역할을 한다. 따라서 율법이 없었다면 우리는 죄를 깨닫지 못했을 것이고, 그런 의미에서 율법은 죄가 아니며 선하고 거룩한 것이다.

5. 율법을 통해서 우리가 깨닫게 된 것은 무엇이고, 그 이유는 무엇인가?(18절)

말씀 살피기 |

내 속 곧 내 육신에 선한 것이 거하지 아니하는 줄을 아노니 원함은 내게 있으나 선을 행하는 것은 없노라(롬 7:18)

인도자 가이드 |

죄와 죄가 아닌 것을 규명해 주는 율법을 통해 내 속에 선한 것이 없음을 깨닫게 된다. 그 이유는 선을 행하고자 하는 원함은 내게 있지만, 선을 행하지 않는 모습을 보기 때문이다. 인간은 죄를 지어서 죄인이 아니라 태어날 때부터 죄인이기 때문에 지금도 타이밍만 맞으면 본능적으로 죄를 짓는 죄인임을 율법이 깨닫게 하는 것이다.

6. 당신은 당신이 죄인인 것을 인정하는가? 10점을 만점으로 할 때 당신이 생각하는 죄인 됨의 점수는 몇 점 정도라고 생각하고, 그렇게 생각하는 이유는 무엇인가?

1　2　3　4　5　6　7　8　9　10

인도자 가이드 |

태초에 하나님은 인간을 창조하시고 복이 되라 하셨다. 하지만 하나님 말씀에 불순종함으로 죄가 되었다. 인간의 죄성은 죄를 지음으로 생기는 것이 아니라 원래부터 가지고 태어나는 것이다. 칼빈이 말했던 것처럼 인간은 병든 새가 아니라 아무 소망이 없는 이미 죽은 새와 같다.

7. 바울은 구원의 확신이 있었지만, 스스로 자신을 어떤 사람이라고 정의하는가?(24절) 그 이유는 무엇인가?(22,23절)

말씀 살피기 |

오호라 나는 곤고한 사람이로다 이 사망의 몸에서 누가 나를 건져내랴(롬 7:24)

내 속사람으로는 하나님의 법을 즐거워하되, 내 지체 속에서 한 다른 법이 내 마음의 법과 싸워 내 지체 속에 있는 죄의 법으로 나를 사로잡는 것을 보는도다(롬 7:22,23)

인도자 가이드 |

바울은 자신을 곤고한 사람이라고 정의한다. 여기서 '곤고하다(탈라이포로스)'라는 말은 '비참한, 괴로움 받는, 곤란한, 불행한'이라는 뜻이다. 그렇게 생각하는 이유는 마음으로는 하나님의 법을 즐거워하지만, 자신도 어쩔 수 없는 한 법이 자신을 끊임없이 죄에 끌리게 하고, 죄를 짓게 하고, 죄 가운데 사로

잡히게 하는 것을 보았기 때문이다. 이는 인간이 육신을 가지고 있는 한 죄로부터 온전히 자유할 수 없음을 말해 준다.

8. 바울이 고백한 바 사망의 몸에서 건져내실 자는 누구신가?(24절) 우리는 그분께 어떤 것을 드려야 하는가?(25절)

말씀 살피기 |

우리 주 예수 그리스도로 말미암아 하나님께 감사하리로다 그런즉 내 자신이 마음으로는 하나님의 법을 육신으로는 죄의 법을 섬기노라(롬 7:25)

인도자 가이드 |

이 사망의 몸에서 건져내실 분은 오직 우리 주 예수 그리스도뿐이다. 그리스도께서 우리 대신에 심판을 받아 사망을 당하셨기 때문에 우리는 죄로부터 궁극적으로 자유롭게 되었다. 이런 일을 행하신 하나님께 우리는 영원히 감사할 따름이다.

9. 당신은 예수 그리스도의 십자가 공로가 아니면 결코 죄로부터 자유할 수 없다는 사실을 믿는가? 당신의 고백을 진지하게 그룹원들에게 나누어 보라.

인도자 가이드 |

인간의 전적 타락은 인간의 어떤 선한 행위로도 해결할 수 없는 문제다. 하나님의 법대로 하면 아무리 작은 죄라도 죄인은 죽음을 당해야만 하기 때문이다. 그런데 예수께서 인간의 몸을 입고 오셔서 인간 전체를 대표하여 십자가에 못 박혀 죽으셨다. 이것을 믿는 자들은 예수께서 대신 당하신 죄의 대가 때문에 용서를 받고 죄로부터 자유할 수 있다.

|다짐하기|

10. 다시 죄 가운데 빠지게 될 때, 구원받은 사람은 어떻게 반응해야 하는지 자신의 깨달음을 정리해 보라.

인도자 가이드 |

바울도 자신을 죄와 싸우는 곤고한 사람이라고 정의한다. 우리가 이 땅에서 육신을 가지고 사는 동안 죄로부터 완전히 자유할 수 없다. 하지만 예수께서 이 죄의 값을 대신 치르셨다. 그러므로 다시 죄 가운데 빠질 때 우리는 예수 그리스도의 십자가의 공로를 기억함으로 죄를 고백하고, 다시 죄를 짓지 않도록 끊임없이 하나님의 도우심을 구하며, 감사하며 살아가야 한다.

|관점얻기|

율법으로부터의 자유(1~6절)

율법은 그리스도인을 주관하지 못한다. 예수의 죽음은 모든 믿는 자를 죄에 대해 죽게 했고, 그래서 율법의 속박에서 벗어나게 했다. 남편의 죽음이 여인에게 자유함을 주듯, 그리스도와 하나 되면 율법에 대하여 죽어 율법으로부터 자유하게 된다. 예수를 믿어 율법의 종 되었던 상태에서 벗어나게 된 것이다. 또한 율법에 대한 죽음은 하나님을 위한 열매를 맺기 위함이다. 이 열매는 성령의 열매요, 거룩함에 이르는 열매다. 율법은 죄도, 악도 아니지만, 우리의 죄 된 본성을 자극하여 죄를 추구하는 정욕이 일어나도록 간접적으로 자극한다. 죄가 우리 가운데 역사하는 것은 사망의 열매를 맺게 하려는 것이다. 6절에서 말하는 '영의 새로운 것'의 '영(프뉴마토스)'은 성령으로, 성령이 역사한 결과로 주어지는 새로움을 말한다.

율법을 주신 목적(7~13절)

율법은 구원을 이루지는 못하지만, 죄를 깨닫게 하는 제한적 기능을 한다. 율법은 죄를 치료할 능력은 없지만, 죄를 죄로 인식하게 하여 사람들을 그리스도께로 인도한다. 이런 기능을 통해 주님은 율법을 완성하신다. 죄는 율법을 작전 기지(a base of operation)로 삼아 우리 안에서 악행을 조장한다. 범죄를 사주한 장본인은 계명이 아니라 계명을 어기고 싶어 하는 인간 내면의 본성이다(롬 7:20). 9절의 '죽었도다'라는 말은 죄를 인식하고 진정한 평안을 잃은 상태를 말한다. 13절의 '계명으로 말미암아 죄로 심히 죄 되게 하려 함이라'라는 말은 율법을 통해 죄가 죄로 규정되는 것을 말한다. 율법은 사람을 의롭게 할 수 없는 제한성이 있지만, 죄의 죄 됨을 알려주는 역할을 충실히 감당하고 있는 셈이다.

죄와 싸우는 그리스도인의 곤고함(14~25절)

14~25절은 거듭났음에도 불구하고 하나님의 뜻과 자신의 연약함 사이에서 갈등하는 그리스도인의 모습을 묘사한다. 14절의 '나'는 중생했지만, 죄로부터 완전히 벗어나지 못한 상태의 모든 그리스도인을 가리키며, 그 표현이 바로 24절의 '곤고한 사람'이다. 이런 와중에 하나님께 드리는 감사는 비록 내적 갈등이 있지만, 결국은 모든 죄로부터 자유롭게 하실 것에 대한 궁극적 감사다. 성령으로 거듭난 후에도 완전히 성화되지 못한 우리의 본성은 죄를 계속 행하며, 이 땅에 있는 동안 번민과 갈등을 겪게 된다. 바울은 이런 자아를 발견하고 우리 속에 두 개의 자아가 존재한다는 사실을 고백한다. 22절의 '속사람'은 '육신'과 대조되는 성령으로 거듭난 자아를 말한다. 이 속사람에 대해서 헨드릭슨은 '성령에 의해 생명의 새 원리가 심긴 곳'이라고 했고, 머레이는 '인격의 중심부에 있는 거룩해진 마음의 상태'라고 했다. 바울은 완전한 구원이 주어지는 날까지 마음으로는 하나님의 법을, 육신으로는 죄의 법을 섬기는 갈등 속에 있지만, 그런데도 궁극적으로 구원을 주실 것을 감사하고 있다.

|청년 자기 체크리스트|

아래의 체크리스트를 가지고 오늘 소그룹 모임에 임한 자신의 태도를 충분히 점검해 보라.

점검 사항		5	4	3	2	1
준비 및 예습	본 과를 준비하면서 충분히 예습은 하였는가					
	각 과의 분명한 목적은 알고 모임에 임했는가?					
	성령께서 나를 만지시도록 기도로 준비하였는가?					
	소그룹원들을 위해서 중보하였는가?					
	리더를 위해서 중보하였는가?					
	나를 변화시키실 하나님을 기대하는 마음으로 임했는가?					
참여 및 자세	적극적으로 질문과 대답에 참여했는가?					
	정직하게 자신을 오픈했는가?					
	지체들의 발표에 사랑하는 마음으로 공감적 경청을 하였는가?					
	모임 중 성령의 인도하심을 계속적으로 기도했는가?					
	하나님께서 원하시는 것이 무엇인지 분명히 알았는가?					
	발견된 진리를 삶과 인격에 적용하기로 결단했는가?					
	이번주에 중보할 지체를 발견했는가?					
적용 및 결단	삶과 인격 변화를 위한 이번주 자신의 적용은 구체적인가?					
	배운 내용이 삶의 상황에 분명히 적용되었는가?					
	소그룹 모임에 대한 만족감이 있었는가?					
	배운 내용을 분명하게 정리했는가?					
	이번 과의 주제와 목적을 분명히 알게 되었는가?					
	삶과 인격의 변화를 위해 기도할 준비가 되어 있는가?					
평가	이번주 총점					

"그러므로 내 사랑하는 형제들아 견실하며 흔들리지 말고 항상 주의 일에 더욱 힘쓰는 자들이 되라 이는 너희 수고가 주 안에서 헛되지 않은 줄 앎이라" (고전 15:58)

- 이번주 생일자는?
- 다음주 청년부 행사는?
- 이번 달 암송 구절과 필독서는?
- 이번주 소그룹 특이 사항은?
- 다음주 전도할 대상은?

8과
결코 정죄함이 없는 성도

로마서 8장 1~39절

죄책감이 없는 사람이 있을까?
표면적으로는 죄를 죄로 느끼지 못하는 사람들이 있는 것처럼 보인다.
하지만 결정적인 순간에 그 속에 있던 죄책감이나 감정을
숨기지 못하고 표출하는 영화나 드라마를 흔히 본다.
인간은 죄책감으로부터 자유할 수 없다.
그 이유는 죄로부터 자유할 수 없기 때문이다.
죄를 짓고도 더 이상 죄책감을 느끼지 못하는 것을
성경은 '양심에 화인(火印) 맞은 것'과 같다고 말한다.
성경은 우리에게 죄를 규정하는 기준을 준다.
이 기준을 통해 우리는 우리의 생각과 행동이 죄라는 사실을 깨닫는다.
동시에 그 죄에 대한 죄책감을 느끼게 된다.
죄책감은 하나님 앞에 가지고 나아가라고 주시는 것이다.
그러면 하나님은 우리에게 결코 정죄함을 받지 않는다는 사실을
깨닫게 하신다.
이 놀라운 비밀의 이유가 무엇인지 본문을 통해 살펴보자.

말씀암송 | 로마서 8장 26절

이와 같이 성령도 우리의 연약함을 도우시나니 우리는 마땅히 기도할 바를 알지 못하나 오직 성령이 말할 수 없는 탄식으로 우리를 위하여 친히 간구하시느니라

|다가서기|

1. 정말 마음의 부담이 컸던 일에 해결함이나 용서를 받는 적이 있는가? 그것은 어떤 사건이었고, 그때의 감정은 어땠는지 나누어 보라.

인도자 가이드 |

다가서기에서 고려하게 하려는 것은 죄책감의 회복이요, 부담스러운 일에 대해 더 이상 걱정하지 않게 되었던 가벼움이다. 자연스럽게 나누고, 이런 가벼움을 우리의 죄로부터 자유롭게 하시고, 어떤 것도 우리를 정죄할 수 없게 하신 하나님의 은혜에 연결하여 본문으로 들어가 보라.

|깊이보기|

8장은 로마서 전체에서 '황금장'이라 일컬어지는 바울의 복음서다. 1~17절은 죄와 사망의 법에서 해방하신 그리스도의 은혜와 그에 보답하는 성도의 삶을 다루고, 18~25절은 성도의 결국이 영광스럽게 끝날 것을 주지시키면서 그 소망 중에 인내하며 살 것을 말한다. 그리고 26~30절까지는 성도의 삶을 성령께서 어떻게 도우실지, 하나님의 완전한 도우심에 대해 다루고 있다.

2. 예수 안에 있는 자에게는 결코 정죄함이 없다(1절). 그 이유는 무엇인가?(2절)

말씀 살피기 |

이는 그리스도 예수 안에 있는 생명의 성령의 법이 죄와 사망의 법에서 너를 해방하였음이라(롬 8:2)

인도자 가이드 |

우리에게 정죄함이 없는 이유는 생명의 성령의 법이 우리를 죄와 사망의 법에서 해방하셨기 때문이다.

3. 성령의 법이 죄와 사망의 법에서 우리를 해방하셨다는 말은 구체적으로 어떤 것을 의미하는지 자기 말로 정리해 보라(10,11절).

말씀 살피기 |

예수를 죽은 자 가운데서 살리신 이의 영이 너희 안에 거하시면 그리스도 예수를 죽은 자 가운데서 살리신 이가 너희 안에 거하시는 그의 영으로 말미암아 너희 죽을 몸도 살리시리라(롬 8:11)

인도자 가이드 |

예수를 믿는 자에게는 성령이 내주하시는데, 성령이 우리 안에 거하시면 예수께서 죽은 자 가운데서 살아나신 것처럼 우리도 그의 성령으로 부활할 것이기 때문이다. 주님이 죄와 사망을 이기신 것처럼, 예수 믿어 성령이 내주하시는 사람도 죄와 사망을 이기게 된다.

4. 바울은 육신의 일과 영의 일을 비교한다. 각 절을 보고 육신의 일과 영의 일을 비교해 보라.

	육신의 일	영의 일
따름의 결과	5절 - 육신의 일을 생각함	5절 - 영의 일을 생각함
생각의 결과	6절 - 사망	6절 - 생명과 평안
거함의 결과	7절 - 하나님과 원수가 됨	10절 - 의로 말미암아 삶

말씀 살피기 |

육신을 따르는 자는 육신의 일을, 영을 따르는 자는 영의 일을 생각하나니(롬 8:5)

육신의 생각은 사망이요 영의 생각은 생명과 평안이니라(롬 8:6)

육신의 생각은 하나님과 원수가 되나니 이는 하나님의 법에 굴복하지 아니할 뿐 아니라 할 수도 없음이(롬 8:7)

또 그리스도께서 너희 안에 계시면 몸은 죄로 말미암아 죽은 것이나 영은 의로 말미암아 살아 있는 것이니라(롬 8:10)

5. 성령이 내주하시는 사람이 경험하게 되는 세 가지 특권을 정리해 보라.

1) 첫 번째 특권(14절) - 성령으로 인도하심을 받는 하나님의 아들이 됨

2) 두 번째 특권(15,16절) - 양자(養子)의 영을 받아 하나님을 아빠 아버지라 부름

3) 세 번째 특권(17절) - 하나님의 상속자가 되어, 영광과 고난을 함께 받음

말씀 살피기 |

무릇 하나님의 영으로 인도함을 받는 사람은 곧 하나님의 아들이라(롬 8:14)

너희는 다시 무서워하는 종의 영을 받지 아니하고 양자의 영을 받았으므로 우리가 아빠 아버지라고 부르짖느니라(롬 8:15)

성령이 친히 우리의 영과 더불어 우리가 하나님의 자녀인 것을 증언하시나니(롬 8:16)

자녀이면 또한 상속자 곧 하나님의 상속자요 그리스도와 함께 한 상속자니 우리가 그와 함께 영광을 받기 위하여 고난도 함께 받아야 할 것이니라(롬 8:17)

인도자 가이드 |

결국 예수 믿고 성령이 내주하시는 사람은 하나님이 아빠 아버지가 되시는 상속자가 된다. 그것은 모든 영광을 물려받는 특권이기도 하지만, 주님처럼 이 땅에서 믿음으로 사는 고난도 감수해야 함을 전제한다.

6. 상속자는 모든 영광과 함께 고난도 함께 받는다. 하지만 자녀의 고난과 관련하여 성령께서 약속하신 바가 있다. 그것은 무엇인가?

26,27절 - 우리의 연약함을 도우셔서 우리를 위해 말할 수 없는 탄식으로 중보하신다.

28절 - 모든 것이 합력하여 선을 이루게 하신다.

말씀 살피기 |

이와 같이 성령도 우리의 연약함을 도우시나니 우리는 마땅히 기도할 바를 알지 못하나 오직 성령이 말할 수 없는 탄식으로 우리를 위하여 친히 간구하시느니라, 마음을 살피시는 이가 성령의 생각을 아시나니 이는 성령이 하나님의 뜻대로 성도를 위하여 간구하심이니라(롬 8:26,27)

우리가 알거니와 하나님을 사랑하는 자 곧 그의 뜻대로 부르심을 입은 자들에게는 모든 것이 합력하여 선을 이루느니라(롬 8:28)

인도자 가이드 |

우리가 장차 받을 영광은 우리가 감당해야 하는 고난과는 비교조차 할 수 없는 큰 것이다. 그뿐만 아니라 우리가 고난 가운데 있을 때 중보기도하심으로 도우시고, 결국은 모든 것이 합력하여 선을 이루는 결과가 되게 하신다. 그러므로 우리는 고난 앞에 담대하게 기도함으로 성령과 동행해야 한다.

7. 당신은 하나님의 자녀요 상속자일 뿐만 아니라 하나님이 아빠 아버지가 되심을 믿는가? 이런 관계 안에서 우리는 어떻게 살아야 하는지 자기 생각을 나누어 보라.

인도자 가이드 |

하나님은 우리가 그저 천국 가게 하시려고 부르신 것이 아니라 하나님 나라를 함께 다스리자고 우리를 부르신 것이다. 우리가 받을 영광은 하나님 나라라는 엄청난 것이고, 이 땅에서의 삶은 그 나라를 다스리기 위한 훈련이다. 그러므로 고난이 찾아올 때, 때로는 나의 연약함으로 죄 가운데 넘어질 때 다시 하나님께로 담대히 나아가고, 말씀과 기도로 성령의 충만함을 받아 살아야 한다.

8. 하나님께서 우리를 위해 자기 아들을 아낌없이 주셨다면, 세상에 우리를 위해 하지 못하실 일은 없을 것이다. 세상 어떤 것도 우리에게 할 수 없는 세 가지를 찾아보라.

1) 첫 번째(33절) - 하나님이 우리를 의롭다 하셨기 때문에 누구도 우리를 고발할 수 없다.

2) 두 번째(34절) - 우리를 위해서 간구하시는 자 때문에 누구도 우리를 정죄할 수 없다.

3) 세 번째(35절) - 하나님의 사랑 때문에 누구도 우리를 그리스도의 사랑에서 끊을 수 없다.

말씀 살피기 |

누가 능히 하나님께서 택하신 자들을 고발하리요 의롭다 하신 이는 하나님이시니(롬 8:33)

누가 정죄하리요 죽으실 뿐 아니라 다시 살아나신 이는 그리스도 예수시니 그는 하나님 우편에 계신 자요 우리를 위하여 간구하시는 자시니라(롬 8:34)

누가 우리를 그리스도의 사랑에서 끊으리요 환난이나 곤고나 박해나 기근이나 적신이나 위험이나 칼이랴(롬 8:35)

9. 우리가 종일 죽임을 당하며 도살당할 양 같이 여김을 받을지라도 두려워하지 않을 수 있는 이유는 무엇인가?(37절) 그리고 이런 삶의 전제는 무엇인지 찾아보라(36절)

말씀 살피기 |

기록된 바 우리가 종일 주를 위하여 죽임을 당하게 되며 도살 당할 양 같이 여김을 받았나이다 함과 같으니라(롬 8:36)

그러나 이 모든 일에 우리를 사랑하시는 이로 말미암아 우리가 넉넉히 이기느니라(롬 8:37)

인도자 가이드 |

우리가 종일 죽임을 당하고 도살당할 양처럼 여김을 받아도 두려워하지 않을 수 있는 이유는 우리를 사랑하시는 이로 말미암아 넉넉히 이길 것이기 때문이다. 담대한 삶의 근거는 우리의 경건이나 됨됨이가 아니라 우리를 사랑하시는 이다. 하지만 아무에게나 이런 축복이 주어지지는 않는다. 이런 축복의 조건은 '주를 위해 사는 삶'이다(36절). 주를 위해 사는 삶은 위대한 희생이나 헌신적인 대가를 치르는 삶이 아니라 앞에서 말한 성령과 동행하는 삶이다.

10. 하나님의 사랑으로 인한 바울의 확신은 무엇인지 정리해 보고(38,39절), 자신의 확신으로 바꾸어 자기 말로 그룹원들에게 고백해 보라.

말씀 살피기 |

내가 확신하노니 사망이나 생명이나 천사들이나 권세자들이나 현재 일이나 장래 일이나 능력이나, 높음이나 깊음이나 다른 어떤 피조물이라도 우리를 우리 주 그리스도 예수 안에 있는 하나님의 사랑에서 끊을 수 없으리라(롬 8:38,39)

인도자 가이드 |

바울의 확신은 어떤 존재나 힘이나 능력도 그리스도 예수 안에 있는 하나님의 사랑에서 나를 끊을 수 없다는 것이다. 이 강력한 하나님의 사랑을 확신할 수 있는 사람은 그리스도 예수 안에 있는 사람이요, 그리스도와 하나 된 사람이다. 비록 부족해도 예수를 구주로 믿고 살고자 하는 마음으로 다시 한번 내 삶에 주님을 주인으로 모셔드리는 시간을 가지라.

|다짐하기|

11. 로마서 8장에서 말하고 있는 모든 확신과 축복은 당신의 것인가? 그렇지 않다면 그 이유는 무엇이고, 이 확신을 갖기 위해 구체적으로 어떤 삶을 살아야 할지 결단해 보라.

인도자 가이드 |

자연스럽게 8장을 정리하면서, 자신의 것으로 소화할 수 있도록 도우라. 로마서 8장은 성령의 내주하심의 축복과 하나님의 자녀, 상속자가 됨, 성령의 도우심, 그리고 믿음의 확신에 관한 것이다. 각자의 신앙에 성령의 임재와 구원의 확신이 있는지 점검하고, 각자에게 맞는 구체적인 실천 사항을 정할 수 있도록 돕는 것이 중요하다.

|관점얻기|

정죄함이 없는 하나님의 자녀(1~17절)

그리스도 예수 안에 있는 자에게는 결코 '정죄함(카타크리마)'이 없다(1절). 그 이유는 성령의 법이 죄와 사망의 법에서 우리를 '해방(엘류데로오; 자유롭게 하다)'하였기 때문이다(2절). 하나님은 그 아들 예수를 육신으로 보내셔서 우리의 죄를 담당하게 하시고, 인간 스스로는 절대 이룰 수 없는 율법의 요구를 성취하셨다. 여기서 '요구(디카이오마)'라는 말은 '의로운 요구 조건'이라는 의미다. 그래서 성령을 따라 살면 육신의 욕심을 이루지 않게 된다. 성령이 우리 안에 거하지 않으시면 누구도 하나님의 법에 순종할 수 없고, 하나님을 기쁘시게 할 수도 없다. 하지만 성령이 우리 안에 거하시면 우리의 죽을 몸도 다시 살리신다.

성령으로 인도하심을 받는 자들은 하나님의 자녀요, 상속자다(14,17절). 15절에서 말하는 '무서워하는 종의 영'이란 '정서적으로 속박과 공포심으로 이끄는 종의 영'이라는 뜻이다. 우리는 양자의 영을 받아 하나님을 '아빠 아버지'라 부를 수 있게 되었다. '아빠 아버지여'라는 말은 '아버지, 아버지여'라는 뜻으로, 자녀가 아버지의 도움과 보호가 필요하여 간절히 부르짖는 모습을 묘사한다. 17절의 '상속자'는 '그리스도와 함께한 상속자'로 '공동 상속자'라는 의미다. 성도는 그리스도와 함께 영광을 상속받지만, 이 땅의 고난에도 함께 참여하게 된다. 그리스도와 함께하는 것은 영광과 고난을 함께 받는 것을 의미한다.

중보하심으로 구원을 완성해 가심(18~30절)

종말적 영광을 소망하는 성도는 인내해야 한다. 성도에게 주어질 영광은 현재의 고난과는 비교할 수도 없이 큰 것이다. 인간의 타락으로 인해 부패한 피조물들도 하나님의 자녀들이 누릴 영광을 고대한다(21절). '고대한다(아포카라도키아)'라는 말은 '머리를 길게 빼고 지켜보다'라는 의미로, 간절히 원한다는 뜻이다. 23절의 '성령의 처음 익은 열매'는 공동 번역에서는 성령과 열매를 동역으로 해석하여 '성령을 하나님의 첫 선물로 받은 우리도'라고 번역한다. 성도는 보이지 않는 구원의 완성을 소망하기 때문에, 인내하며 그 성취를 기다려야 한다(25절).

26~30절까지는 성령의 중보 사역과 그 확신을 다룬다. 성령은 우리의 연약함을 위해 말할 수 없는 탄식으로 중보하신다. '연약함(아스데네이아)'이란 힘이 없는 상태로, 무엇을 기도해야 할지 모르는 무지와 무능을 의미한다. 하지만 하나님을 사랑하고 그 뜻대로 부르심을 입은 자들에게는 모든 것이 합력하여 선을 이루게 하신다. 하나님은 우리의 탄식과 아픔 뒤에서 역사하셔서 모든 것이 최종적 구원의 완성을 이루도록 일하신다. 하나님은 하나님의 백성이 예수 그리스도를 본받게 하실 것을 미리 정하셨다(29절). 하나님은 이런 예정에 따라 부르신 자들을 의롭게 하시고, 또 영화롭게 하신다(30절).

세 가지 특권과 확신(31~39절)

어떤 것도 성도를 하나님의 사랑에서 끊을 수 없다. 하나님은 우리를 위해 독생자도 아끼지 않으셨기 때문에, 모든 것을 주시며 그 누구도 우리를 대적할 수 없다. 여기서 '모든 것'이란 우리의 구원이 완성되는 데까지 필요한 모든 조건을 말한다(32절). 우리는 세 가지의 큰 특권을 가지게 된다. 첫째는 하나님께서 택하시고 의롭다 하셨기 때문에 누구도 우리를 고발할 수 없는 특권이다. '고발(엥칼레오)'이라는 말은 법적 용어로 그 누구도 우리를 고소하는데, 법적으로 성공할 수 없다는 강조다. 둘째는 지금도 우리를 위해 중보하시는 분이 예수님이시기 때문에 누구도 정죄할 수 없는 특권이다. '정죄(카타크리노)'라는 말은 계속되는 심판이라는 의미로, 하나님의 법정에서 우리에게 벌을 내릴 수 있는 사람은 아무도 없다는 강조다(34절). 셋째는 그러므로 누구도, 어떤 것도 그리스도의 사랑에서 우리를 끊을 수 없는 특권이다.

우리가 영적 전쟁에서 승리할 수 있는 근본적인 원동력은 바로 하나님의 사랑이다. 비록 우리가 극심한 환난 가운데 있을지라도 넉넉하게 승리할 수 있는 이유는 '우리를 사랑하시는 이' 때문이다. 모든 피조 세계의 시, 공간을 초월하여 우리를 그리스도 안에 있는 하나님의 사랑에서 끊을 수 있는 것은 없다. 그러니 인내하며 우리의 구원을 위해 성령을 따라 살아야 한다.

|청년 자기 체크리스트|

아래의 체크리스트를 가지고 오늘 소그룹 모임에 임한 자신의 태도를 충분히 점검해 보라.

점검 사항		5	4	3	2	1
준비 및 예습	본 과를 준비하면서 충분히 예습은 하였는가					
	각 과의 분명한 목적은 알고 모임에 임했는가?					
	성령께서 나를 만지시도록 기도로 준비하였는가?					
	소그룹원들을 위해서 중보하였는가?					
	리더를 위해서 중보하였는가?					
	나를 변화시키실 하나님을 기대하는 마음으로 임했는가?					
참여 및 자세	적극적으로 질문과 대답에 참여했는가?					
	정직하게 자신을 오픈했는가?					
	지체들의 발표에 사랑하는 마음으로 공감적 경청을 하였는가?					
	모임 중 성령의 인도하심을 계속적으로 기도했는가?					
	하나님께서 원하시는 것이 무엇인지 분명히 알았는가?					
	발견된 진리를 삶과 인격에 적용하기로 결단했는가?					
	이번주에 중보할 지체를 발견했는가?					
적용 및 결단	삶과 인격 변화를 위한 이번주 자신의 적용은 구체적인가?					
	배운 내용이 삶의 상황에 분명히 적용되었는가?					
	소그룹 모임에 대한 만족감이 있었는가?					
	배운 내용을 분명하게 정리했는가?					
	이번 과의 주제와 목적을 분명히 알게 되었는가?					
	삶과 인격의 변화를 위해 기도할 준비가 되어 있는가?					
평가	이번주 총점					

"그러므로 내 사랑하는 형제들아 견실하며 흔들리지 말고 항상 주의 일에 더욱 힘쓰는 자들이 되라 이는 너희 수고가 주 안에서 헛되지 않은 줄 앎이라" (고전 15:58)

- 이번주 생일자는?
- 다음주 청년부 행사는?
- 이번 달 암송 구절과 필독서는?
- 이번주 소그룹 특이 사항은?
- 다음주 전도할 대상은?

9과
진정한 하나님의 자녀

로마서 9장 1~33절

당신은 부모님의 자녀가 맞는가?
그렇게 확신하는 이유는 무엇인가?
사실 우리는 부모님이 나를 낳는 모습을 목격하지 못했다.
하지만 대부분은 부모인 것을 믿는다. 눈으로 보지 못했는데도 말이다.
정황상, 특징상, 증거상 여러 정황이 있지만,
사실 우리가 부모를 부모로 믿는 것은 믿음의 문제다.
그런 의미에서 믿음이 없는 사람은 없다.
신앙도 같은 맥락에서 접근하면 받아들이기가 훨씬 수월하다.
하나님 아버지가 우리의 아버지가 맞는가?
그 근거는 모호하기 이를 데 없다.
하지만 우리는 주께서 하신 말씀과 여러 신앙의 경험과 확신으로
하나님이 우리의 하늘 아버지이심을 알아가게 된다.
이번 장은 하나님의 자녀는 어떻게 탄생되는지를 말한다.
그저 교회 다닌다고 하나님의 자녀가 되는 것이 아니다.
오직 하나님의 전적인 은혜에 의해 태어난 자들만이
하나님의 자녀다.

말씀암송 | 로마서 9장 11절

그 자식들이 아직 나지도 아니하고 무슨 선이나 악을 행하지 아니한 때에 택하심을 따라 되는 하나님의 뜻이 행위로 말미암지 않고 오직 부르시는 이로 말미암아 서게 하려 하사

|다가서기|

1. 진짜 그리스도인과 가짜 그리스도인의 차이점에 대해 말해 보라. 그렇게 생각하는 기준은 무엇인가?

인도자 가이드 |

각자의 생각을 나누면 된다. 진정한 그리스도인과 그렇지 못한 그리스도인의 차이점은 각자가 생각하는 기준의 차이점과 같다. 여러 생각들을 통해 각자의 신앙관을 점검하고, 성경이 말하는 진정한 그리스도인은 하나님의 자녀라는 관점으로 설명해 보라. 자녀 됨은 자녀의 결정이 아니라 부모의 결정에 따라 되는 것임을 생각하게 하고, 과를 시작하면 좋다.

|깊이보기|

9장부터는 믿음은 하나님의 주권적 섭리 가운데서 이방인이나 이스라엘 백성 모두에게 동일하게 역사함을 말한다. 1~5절까지는 믿지 않는 이스라엘 백성에 대한 바울의 안타까운 마음을 피력한다. 6~13절까지는 이스라엘에 대한 하나님의 언약과 그 참된 계보를 말하고, 14~29절까지는 인간이 시비할 수 없는 하나님의 절대적 주권과 그로 인해 선택된 이방인과 이스라엘의 남은 자에 대해 다룬다. 마지막 30~33절에서는 그런데도 율법의 행위에 의지하여 하나님의 의에 이르지 못한 이스라엘의 모습을 다루고 있다.

2. 바울에게 있는 큰 근심과 그치지 않는 고통은 무엇인가?(1~3절)

말씀 살피기 |

내가 그리스도 안에서 참말을 하고 거짓말을 아니하노라 나에게 큰 근심이 있는 것과 마음에 그치지 않는 고통이 있는 것을 내 양심이 성령 안에서 나와 더불어 증언하노니, 나의 형제 곧 골육의 친척을 위하여 내 자신이 저주를 받아 그리스도에게서 끊어질지라도 원하는 바로라(롬 9:1~3)

인도자 가이드 |

바울에게 있는 큰 근심과 고통은 자기 골육의 친척인 이스라엘 백성들이 예수를 구주로 모셔 들이지 않는 것이었다. 그래서 자신이 저주를 받아 그리스도에게 끊어질지라도 원하는 것은 자기 민족 이스라엘이 그리스도께로 돌아오는 것이었다.

3. 바울이 복음을 통해 깨달은 진정한 하나님의 약속의 자녀는 어떤 사람을 말하는가?(7,8절)

말씀 살피기 |

또한 아브라함의 씨가 다 그의 자녀가 아니라 오직 이삭으로부터 난 자라야 네 씨라 불리리라 하셨으니, 곧 육신의 자녀가 하나님의 자녀가 아니요 오직 약속의 자녀가 씨로 여기심을 받느니라(롬 9:7,8)

인도자 가이드 |

아브라함의 자녀로 상징되는 하나님의 약속의 자녀는 이스마엘이 아니라 이삭이었음을 상기시키면서, 육신의 혈통이 아니라 약속의 말씀을 통해 난 자가 진정한 하나님의 자녀라고 말하고 있다.

4. 하나님의 자녀는 어떻게 태어나는지 바울의 말을 정리하여 자기 말로 나누어 보라(11,16절).

말씀 살피기 |

그 자식들이 아직 나지도 아니하고 무슨 선이나 악을 행하지 아니한 때에 택하심을 따라 되는 하나님의 뜻이 행위로 말미암지 않고 오직 부르시는 이로 말미암아 서게 하려 하사(롬 9:11)

그런즉 원하는 자로 말미암음도 아니요 달음박질하는 자로 말미암음도 아니요 오직 긍휼히 여기시는 하나님으로 말미암음이니라(롬 9:16)

인도자 가이드 |

하나님의 자녀는 사람이 행하는 선이나 악에 의해 결정되는 것이 아니라 전적으로 하나님의 뜻대로 되는 것이다. 전적인 하나님의 주권으로 우리는 하나님의 자녀가 된다. 이것은 우리의 됨됨이나 경건의 수준이 아니라 우리를 불쌍히 여기시는 하나님의 선하심에 의해 된 것이므로, 하나님 백성 된 자는 하나님께 감사해야 한다.

5. 당신의 경건 생활을 떠올려 보라. 그런데도 당신은 하나님의 자녀인가? 그렇게 생각하는 이유는 무엇이고, 아니라면 그 이유는 무엇인가?

인도자 가이드 |

우리의 삶은 하나님 앞에 부끄러울 때가 많다. 우리의 생각, 말, 행동, 습관, 숨겨놓은 죄들을 생각할 때 우리는 하나님의 자녀라고 칭함 받기에는 합당하지 않다고 느껴질 때가 많다. 하지만 우리가 하나님 자녀 된 것은 하나님의 의지요, 선하심 때문이다. 그분이 우리를 하나님의 자녀로 기어코 만들 것을 믿음으로 바라보며 살아야 한다.

6. 바울은 이런 하나님의 주권에 대해서 어떻게 말하고 있는가?(20,21절)

말씀 살피기 |

이 사람아 네가 누구이기에 감히 하나님께 반문하느냐 지음을 받은 물건이 지은 자에게 어찌 나를 이같이 만들었느냐 말하겠느냐, 토기장이가 진흙 한 덩이로 하나는 귀히 쓸 그릇을, 하나는 천히 쓸 그릇을 만들 권한이 없느냐(롬 9:20,21)

인도자 가이드 |

어떤 사람이 세 개의 사과 중에 하나를 집어먹는다고 해서, 나머지 두 개의 사과가 뭐라고 말할 수 없듯이, 우리는 하나님의 절대 주권을 인정할 수 있어야 한다. 하나님은 창조주이시고, 우리는 피조물이다. 피조물이 창조주에게 왜 이렇게 만들었냐고 말할 수 없다. 그 이유는 하나님의 주권이 너무나 대단한 것이라서가 아니라 하나님은 우리를 사랑하시고, 언제나 선하신 우리의 아버지 되시기 때문이다.

7. 하나님은 이방인 가운데서도 복음에 반응하여 그리스도를 영접하는 자들은 하나님의 자녀 삼으셨다. 이스라엘 백성들은 이 사실을 인정하지 않지만, 그들이 인정하는 구약의 호세아 선지자는 이미 이 사실을 예언했다. 확인하여 자기 말로 정리해 보라(25,26절, cf. 호2:23;1:10)

말씀 살피기 |

호세아의 글에도 이르기를 내가 내 백성 아닌 자를 내 백성이라, 사랑하지 아니한 자를 사랑한 자라 부르리라, 너희는 내 백성이 아니라 한 그 곳에서 그들이 살아 계신 하나님의 아들이라 일컬음을 받으리라 함과 같으니라(롬 9:25,26)

내가 나를 위하여 그를 이 땅에 심고 긍휼히 여김을 받지 못하였던 자를 긍휼히 여기며 내 백성 아니었던 자에게 향하여 이르기를 너는 내 백성이라 하리니 그들은 이르기를 주는 내 하나님이시라 하리라 하시니라(호 2:23)

그러나 이스라엘 자손의 수가 바닷가의 모래 같이 되어서 헤아릴 수도 없고 셀 수도 없을 것이며 전에 그들에게 이르기를 너희는 내 백성이 아니라 한 그 곳에서 그들에게 이르기를 너희는 살아 계신 하나님의 아들들이라 할 것이라(호 1:10)

인도자 가이드 |

호세아 선지자는 구약에서 이미 이스라엘 백성이 아닌 자 중에서 하나님께서 사랑하시는 자들, 내 백성이 될 자들이 있을 것이라고 예언하였다. 그들은 혈통으로 난 자들이 아니라 이방인이지만 하나님의 복음을 듣고 진심으로 예수 그리스도를 구주로 받아들인 자들이다. 이들은 영적인 이스라엘이라고 할 수 있다.

8. 이스라엘은 구원받지 못하고, 이방인들은 구원받는 이유가 무엇인가?(30~32절) 이스라엘이든 이방인이든 믿음으로 구원받는다는 사실을 믿는가?

말씀 살피기 |

그런즉 우리가 무슨 말을 하리요 의를 따르지 아니한 이방인들이 의를 얻었으니 곧 믿음에서 난 의요, 의의 법을 따라간 이스라엘은 율법에 이르지 못하였으니, 어찌 그러하냐 이는 그들이 믿음을 의지하지 않고 행위를 의지함이라 부딪칠 돌에 부딪쳤느니라(롬 9:30~32)

인도자 가이드 |

우리가 구원 얻는 의는 행위에서 난 의가 아니라 믿음에서 난 의다. 하지만 이스라엘 사람들은 율법에 근거한 행위로 그 의를 얻으려고 했기 때문에, 하나님의 의의 수준에 도달할 수 없는 것이다. 행위로는 어떤 인간도 하나님의 의에 이르지 못한다. 하나님의 의에 이르는 유일한 방법은 우리 대신에 율법의 저주를 받아주신 예수 그리스도를 믿는 것뿐이다. 하지만 이스라엘 백성 중에도 예수를 받아들이는 자들에게는 구원이 주어진다.

9. 당신은 믿음으로 구원 얻음을 믿는가? 당신의 믿음은 어떤 것인지 진솔한 마음으로 나누어 보라(롬10:10).

말씀 살피기 |

사람이 마음으로 믿어 의에 이르고 입으로 시인하여 구원에 이르느니라(롬 10:10)

인도자 가이드 |

믿음은 마음으로 믿어 의에 이르고 입으로 시인하여 구원에 이르는 과정을 가진다. 여기서 중요한 것은 과정이 아니라 믿음으로 의에 이르고 구원 얻는다는 것이다. 행위가 아니다. 인간의 종교적 본능은 계속해서 행위로 의롭다 함을 받으려고 한다. 죄를 지으면 고행을 해야 하고, 잘못을 뉘우치는 마음을 고생과 고난, 혹은 헌금으로 보상하려고 한다. 그런 방법으로는 구원받지 못한다. 오직 예수 그리스도를 믿음으로만 구원받을 수 있다.

|다짐하기|

10. 하나님의 자녀는 어떻게 되는 것인가? 내가 하나님의 자녀로 살기 위해서 구체적으로 무엇을 해야 할지 나누어 보라.

인도자 가이드 |

하나님의 자녀는 하나님이 주시는 의를 가지고 있어야 하고, 이 의는 믿음으로 주어진다. 구원은 믿음으로 주어지는 것이므로, 우리는 예수 그리스도와 그의 말씀을 믿어야 한다. 믿음의 삶은 그분의 말씀을 내 삶에 적용하고 실천하기 위해서 읽고, 배우는 삶을 병행하며, 나의 범죄를 말씀에 빗대어 계속적으로 반성하고 주님의 도우심을 구하는 삶을 살아야 한다.

|관점얻기|

약속을 따라 되는 하나님의 자녀(1~13절)

바울의 큰 근심과 그치지 않는 고통은 자신의 동족이 그리스도를 받아들이지 않는 것이었다. 이것은 단순한 감정의 문제가 아니라 성령 안에서 인증된 일이다(1절). 그래서 자신이 저주받아 그리스도로부터 끊어질지라도 동족이 그리스도께 돌아오기를 원한다(3절). 이 말은 정말 끊어져도 된다는 뜻이 아니라 희생할 각오가 되어 있다는 뜻이다. 구약의 율법을 먼저 받은 이스라엘은 선민으로서 하나님의 영광과 언약, 성막과 예배와 메시아의 약속 등 많은 특권을 받았고, 혈통으로는 그리스도께서 그들에게서 나셨지만, 불순종으로 하나님의 언약이 무효가 되었다. 아브라함의 자녀 중 이삭만 이스라엘의 계보를 잇는 것처럼, 아브라함의 자손이라고 해서 다 약속의 자녀가 되는 것은 아니다. 하나님의 자녀는 혈통이 아니라 하나님께서 주신 약속으로 탄생하기 때문이다. 하나님의 선택은 인간의 행위나 됨됨이가 아니라 전적으로 하나님의 주권에 있다(11절). 이것을 설명하는 말이 '내가 야곱은 사랑하였고, 에서는 미워하였다'라는 말씀이다(13절). 이 말은 하나님께서 에서를 적극적으로 미워하셨다는 뜻이 아니라 선택의 적극적 은혜를 베풀지 않으셨다는 뜻이다.

하나님의 선택은 전적인 하나님의 주권의 문제(14~29절)

하나님의 선택에 대해 인간은 불공평하다고 말할 수 없다. 하나님의 선택은 인간의 노력이나 됨됨이가 아니라 전적인 하나님의 긍휼에 달린 문제이기 때문이다(16절). 하나님은 긍휼히 여길 자를 긍휼히 여기시고, 완악하게 할 자를 완악하게 하시는 분이시다(18절). 하나님께 반박하는 것은 지음 받은 토기가 토기장이에게 반박하는 것과 같다. 하나님은 멸하기로 한 진노의 그릇은 오래 참으시고, 영광을 받기로 한 긍휼의 그릇에게는 자기 영광의 풍성함을 나타내신다(22,23절). 여기서 진노의 그릇과 긍휼의 그릇은 구원받지 못할 자와 구원받을 자에 대한 비유적 표현이다. 이 긍휼의 그릇이 바로 우리다(24절). 긍휼의 그릇은 이스라엘 중에도 있고, 이방인 중에도 있다. 호세아는 이방인 중에 구원받을 하나님의 백성이 있음을 예언했고, 이사야는 이스라엘의 남은 자 중에 구원받을 자가 있음을 예언했다. 하나님은 다른 어떤 조건이나 인간들의 선행에 의해서가 아니라 온전히 당신의 주권적 의지에 따라 하나님의 약속의 자녀들을 지키시고 보존하신다(29절).

믿음에서 난 의(30~33절)

의를 따르지 아니한 이방인들이 얻은 의는 예수 그리스도를 믿음으로 얻은 의다. 여기서 말하는 '의'는 도덕적 의가 아니라 하나님과 맺은 언약적 관계에 근거한 의다. 반면에 율법을 추구하던 이스라엘은 그 율법이 추구하던 의를 이루지 못했다. 그 이유는 믿음에 의한 의를 추구하지 않고, 행위에 의한 의를 추구했기 때문이다. 유대인이나 이방인이나 의를 얻기 위해 자신의 행위나 노력에 의존하면 모조리 실패한다. 하나님과 올바른 관계를 맺게 하는 참된 의는 오직 예수 그리스도를 믿음으로 얻는 의다. 이것이 하나님께서 시온에 두신 돌이 걸림돌과 거치는 바위가 되기도 하고, 구원을 얻게 하는 돌이 되기도 할 것이라는 이사야의 예언이다. 걸림돌과 거치는 바위는 예수 그리스도를 상징한다. 예수 그리스도를 의지하는 사람은 결코 부끄러움을 당하지 않는다(33절).

|청년 자기 체크리스트|

아래의 체크리스트를 가지고 오늘 소그룹 모임에 임한 자신의 태도를 충분히 점검해 보라.

점검 사항		5	4	3	2	1
준비 및 예습	본 과를 준비하면서 충분히 예습은 하였는가					
	각 과의 분명한 목적은 알고 모임에 임했는가?					
	성령께서 나를 만지시도록 기도로 준비하였는가?					
	소그룹원들을 위해서 중보하였는가?					
	리더를 위해서 중보하였는가?					
	나를 변화시키실 하나님을 기대하는 마음으로 임했는가?					
참여 및 자세	적극적으로 질문과 대답에 참여했는가?					
	정직하게 자신을 오픈했는가?					
	지체들의 발표에 사랑하는 마음으로 공감적 경청을 하였는가?					
	모임 중 성령의 인도하심을 계속적으로 기도했는가?					
	하나님께서 원하시는 것이 무엇인지 분명히 알았는가?					
	발견된 진리를 삶과 인격에 적용하기로 결단했는가?					
	이번주에 중보할 지체를 발견했는가?					
적용 및 결단	삶과 인격 변화를 위한 이번주 자신의 적용은 구체적인가?					
	배운 내용이 삶의 상황에 분명히 적용되었는가?					
	소그룹 모임에 대한 만족감이 있었는가?					
	배운 내용을 분명하게 정리했는가?					
	이번 과의 주제와 목적을 분명히 알게 되었는가?					
	삶과 인격의 변화를 위해 기도할 준비가 되어 있는가?					
평가	이번주 총점					

"그러므로 내 사랑하는 형제들아 견실하며 흔들리지 말고 항상 주의 일에 더욱 힘쓰는 자들이 되라 이는 너희 수고가 주 안에서 헛되지 않은 줄 앎이라" (고전 15:58)

- 이번주 생일자는?
- 이번주 소그룹 특이 사항은?
- 다음주 청년부 행사는?
- 다음주 전도할 대상은?
- 이번 달 암송 구절과 필독서는?

10과
구원에 이르는 믿음

로마서 10장 1~21절

이스라엘 백성들은 율법을 지켰다.
모세는 율법을 지키면 의로워질 수 있고,
의롭게 된다면 구원을 받을 수 있다고 가르쳤다.
하지만 문제는 율법을 지키는 행위를 통해 의를 얻을 수 있는 사람은
아무도 없다는 것이다.
구원받을 의는 오직 믿음으로 주어진다.
믿음으로 주어지는 의는
예수께서 전하신 복음으로 말미암는다.
복음을 먼저 들은 사람이 복음을 전해주면,
그 복음을 들은 사람이 마음으로 믿고,
입으로 시인하여 구원을 얻는 원리다.
이것이 구원에 이르는 의를 얻는 유일한 길이다.
우리는 이 믿음을 가졌는가?
이 믿음을 가졌다면 어떻게 살아야 할까?
바울이 말하는 믿음으로 말미암은 의는 무엇인지
말씀을 통해 살펴보자.

말씀암송 | 로마서 10장 9절

네가 만일 네 입으로 예수를 주로 시인하며 또 하나님께서 그를 죽은 자 가운데서 살리신 것을 네 마음에 믿으면 구원을 받으리라

|다가서기|

1. 구원받는 믿음과 구원받지 못하는 믿음의 차이점이 무엇인지 각자의 생각을 나누어 보자.

인도자 가이드 |

구원받는 믿음과 구원받지 못하는 믿음의 차이점은 믿음의 본질에 있다. 우리가 가진 믿음이 어떤 믿음인가에 따라 구원받을 수도 있고 버림받을 수도 있다. 답을 말하기보다 각자의 생각을 자연스럽게 나누면서 구원받는 믿음에 관해 관심을 집중시키라.

|깊이보기|

로마서 10장은 이스라엘이 그리스도의 복음을 거부하고 있는 모습을 고발한다. 1~10절은 이스라엘의 불순종에 대한 바울의 소원을 피력하는데, 특별히 율법의 의와 믿음의 의를 대조하여 설명한다. 11~15절은 복음이 주는 구원의 보편성과 전도자의 아름다움을 말하고, 16~21절까지는 들음으로 구원에 이르는 복음을 이스라엘의 대다수가 거부했다는 내용을 다룬다.

2. 이스라엘 백성들이 구원에서 멀어진 이유가 무엇인가?(3절)

말씀 살피기 |

하나님의 의를 모르고 자기 의를 세우려고 힘써 하나님의 의에 복종하지 아니하였느니라(롬 10:3)

인도자 가이드 |

이스라엘은 율법으로 의를 이루려고 했기 때문이다. 이러한 의도는 자기 의를 세우려 한 것이고, 하나님께서 세우신 하나님의 의를 얻는 방법이 아니었다. 결과적으로 하나님의 의에 복종하지 않았기 때문에 구원에서 멀어진 것이다.

3. 우리가 구원을 받는 방법은 무엇인지 정리하고, 정리한 것을 보지 말고 자기 말로 설명해 보라(9,10절).

말씀 살피기 |

네가 만일 네 입으로 예수를 주로 시인하며 또 하나님께서 그를 죽은 자 가운데서 살리신 것을 네 마음에 믿으면 구원을 받으리라, 사람이 마음으로 믿어 의에 이르고 입으로 시인하여 구원에 이르느니라(롬 10:9,10)

인도자 가이드 |

구원은 마음으로 예수를 나의 주로 믿고, 입으로 시인하면 받는다. 믿음이란 예수께서 나의 죄를 대신 지고 십자가에서 죽으셔서 죗값을 치르셨기 때문에 그것을 믿으면 나의 죄가 용서를 받고, 예수께서 죽음에서 부활하신 것처럼 나도 결국은 부활할 것을 믿는 것이다. 각자의 믿음을 보지 않고 정리해서 나눌 수 있게 도우라.

4. 6,7절은 믿음으로 말미암은 의를 얻는 것은 결코 어려운 것이 아니라는 사실을 설명한다. 신명기 30장 11~14절을 인용하여 설명하려고 한 '믿음으로 말미암은 의'는 왜 얻기에 쉬운 것인지 답해 보라(8절).

> 내가 오늘 네게 명령한 이 명령은 네게 어려운 것도 아니요 먼 것도 아니라, 하늘에 있는 것이 아니니 네가 이르기를 누가 우리를 위하여 하늘에 올라가 그의 명령을 우리에게로 가지고 와서 우리에게 들려 행하게 하랴 할 것이 아니요, 이것이 바다 밖에 있는 것이 아니니 네가 이르기를 누가 우리를 위하여 바다를 건너가서 그의 명령을 우리에게로 가지고 와서 우리에게 들려 행하게 하랴 할 것도 아니라, 오직 그 말씀이 네게 매우 가까워서 네 입에 있으며 네 마음에 있은즉 네가 이를 행할 수 있느니라

말씀 살피기 |

그러면 무엇을 말하느냐 말씀이 네게 가까워 네 입에 있으며 네 마음에 있다 하였으니 곧 우리가 전파하는 믿음의 말씀이라(롬 10:8)

믿음으로 말미암는 의는 이같이 말하되 네 마음에 누가 하늘에 올라가겠느냐 하지 말라 하니 올라가겠느냐 함은 그리스도를 모셔 내리려는 것이요, 혹은 누가 무저갱에 내려가겠느냐 하지 말라 하니 내려가겠느냐 함은 그리스도를 죽은 자 가운데서 모셔 올리려는 것이라(롬 10:6,7)

인도자 가이드 |

6,7절 말씀은 5절과 대조되는 내용으로 의를 의인화한 표현이다. 신명기의 문맥은 하나님께서 주신 말씀은 하늘까지 가야 한다든지, 바다 건너편까지 가야 하는 어려운 것이 아니라는 취지다. 하나님의 계명은 백성들의 입에 있고 마음에 있어서 이해하기 쉽고 행하기 쉽다. 그처럼 믿음으로 말미암은 의는 하나님께서 주신 말씀을 듣고 믿어 받아들이면 되는 쉬운 것이다.

5. 하나님께서 주시는 구원의 특징 중 하나는 무엇인가? 당신은 정말로 이 사실을 믿는가?(12절)

말씀 살피기 |

유대인이나 헬라인이나 차별이 없음이라 한 분이신 주께서 모든 사람의 주가 되사 그를 부르는 모든 사람에게 부요하시도다(롬 10:12)

인도자 가이드 |

구원은 유대인이나 헬라인이나 차별 없이 믿는 자에게 주어지는 것이다. 하나님은 모든 사람의 주가 되시며, 모든 사람에게 구원을 주실 만큼 부요하신 분이다. 많은 사람이 자신의 죄 때문에, 부족 때문에 구원받기에 합당하지 않다고 생각한다. 하지만 그렇지 않다. 자기 죄를 자복하고 주님을 구주로 믿는 모든 자에게는 예외 없이 공평하게 구원이 임한다.

6. 이 구원을 가진 자로서 우리가 해야 하는 일은 무엇인가?(14,15절)

말씀 살피기 |

그런즉 그들이 믿지 아니하는 이를 어찌 부르리요 듣지도 못한 이를 어찌 믿으리요 전파하는 자가 없이 어찌 들으리요, 보내심을 받지 아니하였으면 어찌 전파하리요 기록된 바 아름답도다 좋은 소식을 전하는 자들의 발이여 함과 같으니라(롬 10:14,15)

인도자 가이드 |

복음을 전하지 않으면 복음을 들을 수 없고, 듣지 못하면 믿을 수 없기 때문에 우리는 복음을 전해야 한다. 주님은 복음, 좋은 소식을 전하는 자들의 수고가 아름답다고 선포한다. 전도는 수고스럽고, 미련한 것이기도 하지만, 하나님은 전도하는 사람을 아름답다고 선포하신다.

7. 당신은 복음을 전하고 있는가? 그렇지 못하다면 그 이유는 무엇이라고 생각하는가?

인도자 가이드 |

우리는 모두 복음을 받아들이지 않은 자들의 부근에 살고 있다. 하나님은 우리가 복음을 전할 수 있도록 잃어버린 자들의 옆에 살게 하신다. 우리가 마음만 먹으면 얼마든지 복음을 전할 수 있다. 우리가 복음을 전하지 않는 이유는 복음이 부끄럽거나 그럴 필요를 못 느끼기 때문이다. 우리는 복음이 주는 구원이 얼마나 값진 것인가, 그리고 복음을 전하지 않는 것이 얼마나 이기적인 것인가를 인지할 필요가 있다.

8. 복음을 받아들이지 않는 자들에 대한 하나님의 마음은 어떤 모습인지 말해보라(21절).

말씀 살피기 |

이스라엘에 대하여 이르되 순종하지 아니하고 거슬러 말하는 백성에게 내가 종일 내 손을 벌렸노라 하였느니라(롬 10:21)

인도자 가이드 |

주님은 순종하지 않고, 복음을 거부하는 백성들을 향해 온종일 손을 벌리고 기다리는 모습으로 계시다. 모두가 하나님의 말씀을 받아들이고 구원받기를 원하시는 하나님의 마음이다. 전도는 우리의 열정으로 하는 것이 아니라 아버지의 마음을 아는 성숙함과 간절함으로 하는 것이다.

9. 이미 복음을 가지고 있는 당신에 대한 하나님의 마음은 어떤 마음이라고 생각하는가?(마28장19,20절)

말씀 살피기 |

그러므로 너희는 가서 모든 민족을 제자로 삼아 아버지와 아들과 성령의 이름으로 세례를 베풀고, 내가 너희에게 분부한 모든 것을 가르쳐 지키게 하라 볼지어다 내가 세상 끝날까지 너희와 항상 함께 있으리라 하시니라(마 28:19,20)

인도자 가이드 |

주님은 우리가 가진 복음의 소중함을 알고, 가서 복음을 전하기를 원하신다. 복음을 전하는 것은 단순히 전도를 말하는 것이 아니다. 대위임령인 본문의 주동사는 제자를 삼는 것이다. 제자를 삼기 위해 복음을 전해야 하고, 가르쳐야 하고, 세례를 베풀어야 하는 것이다.

|다짐하기|

10. 당신에게는 구원받을 만한 믿음이 있는가? 있다면 그 믿음으로 무엇을 해야 하는지 구체적으로 작정하여 나누어 보라.

인도자 가이드 |

우리가 예수를 믿어 의를 받고 구원을 받은 사람이 되었다면, 반드시 복음을 전하는 삶을 살아야 한다. 구체적으로 전도의 대상자를 정하고, 직접적으로 복음을 전하며, 그럴 수 없다면, 교회로 초대하고 예수님을 소개하는 삶을 살아야 한다.

|관점얻기|

믿음으로 말미암는 의(1~10절)

이스라엘 백성은 율법의 행위로 의를 이루려다 결국은 하나님의 의를 거부한 꼴이 되었다. 그들은 그들의 열심으로 자기 의를 이루려 했지만, 결과적으로는 하나님께 불순종한 것이 되어 버렸다(3절). 하지만 주님은 모든 믿는 자에게 의가 되시기 위해서 율법을 성취하심으로 율법의 마침이 되셨다(4절).

바울은 5~8절에서 '율법으로 말미암는 의'와 '믿음으로 말미암는 의'를 대조한다. 율법으로 나는 의는 율법의 항목을 다 지킴으로 얻는 의다. 이에 반해 믿음에서 난 의는 하나님께서 주신 복음을 받아들이는 것이다. 바울은 신명기 30장 11~14절의 말씀을 인용하여 말씀을 받아들이는 것이 얼마나 쉬운지를 설명한다. 믿음으로 말미암는 의는 하늘이나 바다 밖에 가야 얻을 수 있는 것이 아니라 전해주는 복음을 듣고 예수를 구주로 모셔 들이기만 하면 된다. 바울은 이것이 입술의 고백과 마음의 믿음을 통해 얻을 수 있는 것이라고 말한다. 누구든지 예수를 구원의 주로 시인하고, 하나님께서 예수를 죽은 자 가운데서 살리신 것을 마음으로 믿으면, 구원을 얻을 수 있다(9절). 이 사실을 10절에서 다시 한번 반복하여 강조한다.

복음 전하는 자의 아름다움(11~15절)

우리에게 주시는 구원은 모든 믿는 자에게 차별이 없다. 유대인이든 헬라인이든 주 예수를 부르는 자는 풍성한 은혜를 경험하게 될 것이다. 13절은 이 사실을 다시 한번 강조한다. 그렇기 때문에 바울은 복음을 전하는 자들의 수고가 얼마나 아름다운 것인지를 강조한다. 믿음으로 말미암는 의는 복음을 받아들이기만 하면 얻을 수 있지만, 전하는 자가 없이는 들을 수 없고, 듣지 못하면 믿을 수가 없다. 이미 주어진 복음을 듣고 순종하는 것은 그들의 문제이지만, 그것을 전하는 것은 우리의 문제다. 그래서 받아들이기만 하면 되는 '이미 주어진 복음'을 전하는 것은 귀한 것이다. 바울은 이 사실을 강조하기 위해서 이사야의 말씀을 다시 인용하여 복음 전파의 사역이 진정으로 아름다운 것임을 강조한다.

기다리시는 하나님의 마음(16~21절)

'주여 우리가 전한 것을 누가 믿었나이까?'라고 했던 이사야의 절규대로 이스라엘 백성은 그리스도의 말씀을 받아들이지 않았다. 믿음은 들음에서 나고, 들음은 그리스도의 말씀으로 말미암는다. 쉐마의 민족이었지만, 듣지 않은 결과 그들은 하나님께 불순종했다. 그러니 복음을 듣지 못해 불순종하였다고 핑계 대지 못하게 되었다(18~21절). 바울이 말하고자 하는 것은 이스라엘 백성들은 분명히 복음을 들었다는 점이다(18절). 이미 구약의 모세와 이사야가 예언했듯이 하나님께서 주신 구원의 복음은 이방인에게도 전파되었다. 하나님은 이스라엘의 회심을 위해 오래도록 인내하시며 기다리셨다. 그것이 '내가 종일 내 손을 벌렸노라'라는 말씀의 의미다(21절). 우리는 기다리시는 하늘 아버지의 마음을 이해해야 한다. 그럴 때 복음을 받아들이게 되고, 복음을 전할 수 있게 된다. 구원 받을 만한 믿음은 구원의 복음을 전하게 된다.

|청년 자기 체크리스트|

아래의 체크리스트를 가지고 오늘 소그룹 모임에 임한 자신의 태도를 충분히 점검해 보라.

점검 사항		5	4	3	2	1
준비 및 예습	본 과를 준비하면서 충분히 예습은 하였는가					
	각 과의 분명한 목적은 알고 모임에 임했는가?					
	성령께서 나를 만지시도록 기도로 준비하였는가?					
	소그룹원들을 위해서 중보하였는가?					
	리더를 위해서 중보하였는가?					
	나를 변화시키실 하나님을 기대하는 마음으로 임했는가?					
참여 및 자세	적극적으로 질문과 대답에 참여했는가?					
	정직하게 자신을 오픈했는가?					
	지체들의 발표에 사랑하는 마음으로 공감적 경청을 하였는가?					
	모임 중 성령의 인도하심을 계속적으로 기도했는가?					
	하나님께서 원하시는 것이 무엇인지 분명히 알았는가?					
	발견된 진리를 삶과 인격에 적용하기로 결단했는가?					
	이번주에 중보할 지체를 발견했는가?					
적용 및 결단	삶과 인격 변화를 위한 이번주 자신의 적용은 구체적인가?					
	배운 내용이 삶의 상황에 분명히 적용되었는가?					
	소그룹 모임에 대한 만족감이 있었는가?					
	배운 내용을 분명하게 정리했는가?					
	이번 과의 주제와 목적을 분명히 알게 되었는가?					
	삶과 인격의 변화를 위해 기도할 준비가 되어 있는가?					
평가	이번주 총점					

"그러므로 내 사랑하는 형제들아 견실하며 흔들리지 말고 항상 주의 일에 더욱 힘쓰는 자들이 되라 이는 너희 수고가 주 안에서 헛되지 않은 줄 앎이라" (고전 15:58)

- 이번주 생일자는?
- 다음주 청년부 행사는?
- 이번 달 암송 구절과 필독서는?
- 이번주 소그룹 특이 사항은?
- 다음주 전도할 대상은?

11과
그리스도인의 삶

로마서 12장 1~21절

그리스도인은 그리스도를 믿는 사람이다.
주일에 성경을 가지고 교회를 나오는 사람들이고,
기도를 하면서 하나님을 아버지라고 하고,
찬송을 부를 줄 알며, 술과 담배를 꺼리고,
제사를 지내지 않는다.
또 다른 그리스도인의 윤리가 있을까?
과연 위에서 언급한 것이
그리스도인 윤리의 전부일까?
한때는 그리스도인의 윤리라는 것이
술 마시지 않고, 담배 피우지 않고, 제사 지내지 않는 것일 때가 있었다.
하지만 이제는 대 사회적 책임을 무시할 수 없는 때다.
그 이유는 세상으로부터 그리스도인들이 지탄받고 있기 때문이다.
사실 그리스도인의 대 사회적 책임은
성경에서 오래전부터 말씀해 오신 그리스도인의 윤리요 삶이다.
과연 그리스도인은 어떻게 살아야 할까?
교회 안에서의 모습과 교회 밖에서의 모습이
어떠해야 하는지 바울의 교훈을 살펴보자.

말씀암송 | 로마서 12장 1,2절

그러므로 형제들아 내가 하나님의 모든 자비하심으로 너희를 권하노니 너희 몸을 하나님이 기뻐하시는 거룩한 산 제물로 드리라 이는 너희가 드릴 영적 예배니라, 너희는 이 세대를 본받지 말고 오직 마음을 새롭게 함으로 변화를 받아 하나님의 선하시고 기뻐하시고 온전하신 뜻이 무엇인지 분별하도록 하라

|다가서기|

1. 그리스도인은 왜 착하게 살아야 하는가? 그 이유가 무엇인지 자기 생각을 나누어 보자.

인도자 가이드 |

보편적으로 사람들은 그리스도인은 착해야 한다고 말한다. 착함의 기준이나 정의가 모호하지만, 윤리, 도덕적으로 비교적 남보다 나아야 한다고 생각한다. 그리스도인 중에도 왜 우리가 착하게 살아야 하는지 그 이유를 아는 사람은 많지 않은 것 같다. 각자의 생각을 나누며, 자연스럽게 그리스도의 삶에 대해 나눌 준비를 도우라.

|깊이보기|

로마서 12장은 그리스도인의 윤리가 무엇인지를 말한다. 1,2절은 그리스도인 윤리의 대전제가 무엇인지를 말하고, 3~13절은 교회 안에서의 성도의 모습, 14~21절은 교회 밖에서의 성도의 모습이 어떠해야 하는지 다룬다.

2. 12장 1절의 '그러므로'는 11장까지 말한 이신칭의의 결과를 말한다. 믿음으로 구원받은 성도는 어떻게 살아야 하는지 그 삶의 대전제는 무엇인가?(1,2절)

말씀 살피기 |

그러므로 형제들아 내가 하나님의 모든 자비하심으로 너희를 권하노니 너희 몸을 하나님이 기뻐하시는 거룩한 산 제물로 드리라 이는 너희가 드릴 영적 예배니라, 너희는 이 세대를 본받지 말고 오직 마음을 새롭게 함으로 변화를 받아 하나님의 선하시고 기뻐하시고 온전하신 뜻이 무엇인지 분별하도록 하라(롬 12:1,2)

인도자 가이드 |

구원받은 성도가 살아야 하는 삶의 가장 큰 전제는 하나님께 전인격(몸)으로 예배하는 것이다. 그리고 이 세대를 본받지 않고, 하나님의 뜻이 무엇인지 분별하며 사는 것이다. 하나님의 뜻을 분별할 때 우리는 하나님을 예배할 수 있고, 온전한 예배는 마음으로의 예배뿐 아니라 전인격을 통한 순종이요 높임이다.

3. 3~13절까지는 그리스도인이 교회 안에서 가져야 하는 삶의 태도를 말한다. 교회 안에서의 삶의 자세는 어떤 것인가?(4,5절) 이 의식을 가지고 실천해야 할 행동은 무엇인가?(6~8절)

말씀 살피기 |

우리가 한 몸에 많은 지체를 가졌으나 모든 지체가 같은 기능을 가진 것이 아니니, 이와 같이 우리 많은 사람이 그리스도 안에서 한 몸이 되어 서로 지체가 되었느니라(롬 12:4,5)

우리에게 주신 은혜대로 받은 은사가 각각 다르니 혹 예언이면 믿음의 분수대로, 혹 섬기는 일이면 섬기는 일로, 혹 가르치는 자면 가르치는 일로, 혹 위로하는 자면 위로하는 일로, 구제하는 자는 성실함으로, 다스리는 자는 부지런함으로, 긍휼을 베푸는 자는 즐거움으로 할 것이니라(롬 12:6~8)

인도자 가이드 |

교회 안에서 성도가 가져야 하는 태도는 한 마디로 지체 의식이다. 우리는 주님을 머리로 한 하나의 몸으로서 부름받은 존재들이라는 생각이다. 몸의 각 지체가 다 다른 모양인 것처럼, 우리도 다 같은 모양일 수 없으므로, 각자가 받은 은사와 재능을 따라 즐거움으로 섬기는 삶을 살아야 한다.

4. 성도의 지체 의식은 어떤 모습으로 드러나야 하는가?(10절)

말씀 살피기 |

형제를 사랑하여 서로 우애하고 존경하기를 서로 먼저 하며(롬 12:10)

인도자 가이드 |

그리스도인은 형제를 사랑하고 존경하기를 서로 먼저 하려고 해야 한다. 구원받은 성도의 역할은 사랑하는 것이다. 이 사랑의 역동은 '서로'를 향하고, '먼저' 하는 것이다. 사랑할 사람만 사랑하는 것이 아니고, 먼저 사랑받는 것이 아니라, 우리가 주님의 사랑을 먼저 받았으므로 우리도 먼저 형제를 사랑하는 개념이다.

5. 당신은 교회 공동체가 한 몸이라는 지체 의식이 있는가? 지체 의식과 사랑의 관계로 자신의 태도를 정리해 보라.

인도자 가이드 |

우리는 보통 '우리 몸을 사랑해야지'라는 인식을 가지고 의지적으로 자기를 사랑하지는 않는다. 몸의 한 부분이 다치게 되면, 우리는 본능적으로 온몸이 함께 아파하고 걱정하고 치료를 위해 노력한다. 마찬가지로 성도의 사랑은 의무로서의 사랑이 아니라 영적인 본능으로서의 사랑이어야 한다. 주님이 주신 사랑을 풍성히 알고 있으면, 자연스럽게 형제 된 지체를 사랑하게 된다.

6. 11~13절에 기록된 구원받은 성도의 삶의 모습 세 가지를 찾아보라. 당신에게 부족한 것은 무엇이고, 그 이유는 무엇인가?

말씀 살피기 |

부지런하여 게으르지 말고 열심을 품고 주를 섬기라(롬 12:11)

소망 중에 즐거워하며 환난 중에 참으며 기도에 항상 힘쓰며(롬 12:12)

성도들의 쓸 것을 공급하며 손 대접하기를 힘쓰라(롬 12:13)

인도자 가이드 |

주님이 우리에게 원하시는 삶은 부지런히 열심을 품고 주를 섬기는 삶이고, 환난 중에도 소망으로 참으며 기도에 힘쓰는 삶이다. 그리고 나의 필요를 하나님께서 채우실 것을 믿고 나 외에 다른 성도들의 쓸 것을 채우는 삶이다. 이런 희생과 사랑과 충성은 주께서 나에게 주신 구원의 가치를 깨달은 사람만이 실천할 수 있는 삶이다. 내 속에 그리스도의 사랑이 있는 만큼 우리는 그리스도인으로 살 수 있다.

7. 14~21절까지는 그리스도인의 세상 사람들과의 관계를 말한다. 나를 괴롭히는 사람에 대해서 그리스도인은 어떤 삶의 자세를 취해야 하는가?(14,17,19절)

말씀 살피기 |

너희를 박해하는 자를 축복하라 축복하고 저주하지 말라(롬 12:14)

아무에게도 악을 악으로 갚지 말고 모든 사람 앞에서 선한 일을 도모하라(롬 12:17)

내 사랑하는 자들아 너희가 친히 원수를 갚지 말고 하나님의 진노하심에 맡기라 기록되었으되 원수 갚는 것이 내게 있으니 내가 갚으리라고 주께서 말씀하시니라(롬 12:19)

인도자 가이드 |

박해하는 자를 축복하고, 악을 악으로 갚지 말며, 원수 갚는 것을 하나님께 맡겨야 한다. 하나님은 우리를 위해서 가장 소중한 당신의 아들까지 주셨다. 그러니 나머지 이 땅에서 필요한 것을 주시지 않을 이유가 없다. 하나님의 공급하심과 해결하심을 믿고, 우리는 원수 갚는 것을 하나님께 맡기고, 축복하며, 선한 일을 도모하며 살아야 한다. 한 마디로 주님처럼 살기를 힘써야 한다.

8. 즐거워하는 자들과 함께 즐거워하고, 우는 자들과 함께 우는 삶은 어떻게 하는 것인가?(15,16절)

말씀 살피기 |

즐거워하는 자들과 함께 즐거워하고 우는 자들과 함께 울라, 서로 마음을 같이 하며 높은 데 마음을 두지 말고 도리어 낮은 데 처하며 스스로 지혜 있는 체 하지 말라(롬 12:15,16)

인도자 가이드 |

함께 즐거워하고 함께 울 수 있으려면 마음을 낮은 데 두어야 하고, 한마음을 가져야 한다. 주님이 우리를 긍휼히 여기셨던 것처럼, 우리도 세상 사람들의 아픔을 함께 아파하는 삶을 사는 것이 그리스도의 삶이다. 겸손한 자가 함께 울 수 있는 사람이다.

9. 바울은 우리에게 악에게 지지 말고, 선으로 악을 이기라고 말한다(21절). 어떻게 하는 것이 선으로 악을 이기는 것인가?(20절)

말씀 살피기 |

악에게 지지 말고 선으로 악을 이기라(롬 12:21)

네 원수가 주리거든 먹이고 목마르거든 마시게 하라 그리함으로 네가 숯불을 그 머리에 쌓아 놓으리라(롬 12:20)

인도자 가이드 |

악에게 이기는 방법은 더 센 악으로 갚는 것이 아니라 선으로 이기는 것이다. 선이란 주님의 말씀대로, 뜻대로 사는 것이다. 원수가 주리거든 먹이고, 목마르거든 마시게 하는 삶이다. 그러면 숯불을 그 머리에 쌓아 놓는 것과 같다는 말은 그로 하여금 부끄럽게 하여 뉘우치게 할 수 있다는 뜻이다.

10. 사회에서 당신의 삶은 어떤 모습인가? 성경에서 말하는 모습과 얼마나 다르며, 그 이유는 무엇이라고 생각하는가?

인도자 가이드 |

대부분 교회 안에서의 모습은 흠잡을 데 없이 잘 산다. 하지만 캠퍼스에서, 가정에서, 직장에서의 삶은 그리스도인 답지 않을 때가 많다. 그 이유는 표면적으로는 부끄럽거나 정체성의 부족이겠지만, 근본적으로는 그리스도의 구원의 은혜, 이신칭의의 감격이 부족하기 때문이다. 삶의 태도를 개선하기 이전에 주께서 나를 위해서 어떤 일을 하셨는지를 먼저 묵상하고 배워서 풍성해져야 한다.

|다짐하기|

11. 그리스도인의 삶의 대전제를 중심으로 교회 안에서의 삶과 교회 밖에서의 삶이 어떠해야 하는지를 정리하고, 내가 이번 주에 실천할 구체적이고 실천 가능한 결단을 하나 작성하여 나누어 보라.

인도자 가이드 |

그리스도인의 삶의 대전제는 전인격과 삶으로 하나님께 예배하는 것이다. 그것은 하나님의 선하시고 기뻐하시고 온전하신 뜻이 무엇인지 날마다 분별하며 사는 것이다. 이를 위해서는 하나님의 말씀을 읽고 배워야 하며, 하나하나 실천하는 수고와 작정이 동반되어야 한다. 구체적으로 작정하게 하고, 다음 주에 나눌 수 있도록 숙제를 내는 것도 좋겠다.

|관점얻기|

그리스도인의 삶의 대전제(1,2절)

12장부터 15장 13절까지는 이신칭의로 구원받은 성도가 어떻게 그 의를 실천하며 살아야 하는지 말한다. 대전제는 전인격으로 하나님께 예배하는 삶이다. 이 전인격적인 예배는 하나님의 선하시고, 기뻐하시고, 온전하신 뜻이 무엇인지 그것을 끊임없이 반복해서, 부지런히 분별해 가는 삶이다. 이 세대를 따라가지 않는 전인격과 삶으로서의 예배가 이 땅에 살아가는 성도의 모습이다. 기독교 윤리의 기초는 성도의 전인격과 삶 전체가 예배가 되도록 하는 것이다. 그리스도인의 삶의 기준은 하나님의 뜻이다.

교회에서의 삶(3~13절)

그리스도인은 교회 안에서 형제, 자매와 하나라고 하는 지체 의식을 가져야 한다. 자신이 잘났다고 하는 교만은 하나 됨을 깨는 악이다. 믿음의 분량대로 지혜롭게 생각하는 사람이 되어야 한다.

몸을 이루는 여러 지체가 다양한 것처럼, 주님을 머리로 한 하나의 몸을 이루는 우리도 다양함을 인정해야 한다. 각자 받은 은사대로 자신만이 섬길 수 있는 기능을 수행하며 교회 공동체를 세워야 한다.

하나님께서 은혜로 주신 은사에는 말씀과 섬김과 격려와 구제, 다스림과 긍휼 등 다양하다. 또한 성도는 서로 사랑하고 존경해야 한다. 이 사랑의 원칙은 '서로', '먼저' 하는 것이다(10절). 부지런한 열심으로 주님을 섬겨야 하고, 환난 중에도 구원의 소망을 붙들고 인내하며 기도에 힘써야 한다. 그리고 어려운 성도들을 위해 쓸 것을 공급하며, 주께서 우리에게 주신 것에 근거하여 풍성히 대접하는 삶을 살아야 한다.

세상에서의 삶(14~21절)

성도는 세상에서 자신을 핍박하는 자를 축복하고 저주하지 말아야 한다. 즐거워하는 자들과 함께 즐거워하고 우는 자들과 함께 우는 삶을 살아야 한다. 그리스도인은 믿지 않는 이들의 불행을 보고 기뻐하지 말아야 하고, 그들의 슬픔을 함께 슬퍼해야 한다. 성도는 가능한 모든 사람과 화평하고, 악을 악으로 갚지 말아야 한다.

하나님은 우리의 필요를 다 아심으로 우리는 원수 갚는 것을 하나님께 맡기고, 주님의 선하시고 기뻐하시고 온전하신 뜻을 따라 선한 일을 도모해야 한다. 하나님께서 우리 원수를 갚아주시겠다고 약속하셨기 때문에, 우리도 주님처럼 스스로 원수갚지 않고, 용서와 사랑을 베풀며 살아야 한다. 선으로 악을 이기는 방법은 원수가 주렸을 때 먹이고, 목마를 때 마시게 하는 실천 중심의 사랑이다. 이것은 그의 머리에 숯불을 올려두는 것과 같아서 언젠가는 그가 부끄러움을 느끼게 하는 것이다. 악에게 지지 않는 방법은 주님이 사셨던 것처럼 사는 것이다.

|청년 자기 체크리스트|

아래의 체크리스트를 가지고 오늘 소그룹 모임에 임한 자신의 태도를 충분히 점검해 보라.

점검 사항		5	4	3	2	1
준비 및 예습	본 과를 준비하면서 충분히 예습은 하였는가					
	각 과의 분명한 목적은 알고 모임에 임했는가?					
	성령께서 나를 만지시도록 기도로 준비하였는가?					
	소그룹원들을 위해서 중보하였는가?					
	리더를 위해서 중보하였는가?					
	나를 변화시키실 하나님을 기대하는 마음으로 임했는가?					
참여 및 자세	적극적으로 질문과 대답에 참여했는가?					
	정직하게 자신을 오픈했는가?					
	지체들의 발표에 사랑하는 마음으로 공감적 경청을 하였는가?					
	모임 중 성령의 인도하심을 계속적으로 기도했는가?					
	하나님께서 원하시는 것이 무엇인지 분명히 알았는가?					
	발견된 진리를 삶과 인격에 적용하기로 결단했는가?					
	이번주에 중보할 지체를 발견했는가?					
적용 및 결단	삶과 인격 변화를 위한 이번주 자신의 적용은 구체적인가?					
	배운 내용이 삶의 상황에 분명히 적용되었는가?					
	소그룹 모임에 대한 만족감이 있었는가?					
	배운 내용을 분명하게 정리했는가?					
	이번 과의 주제와 목적을 분명히 알게 되었는가?					
	삶과 인격의 변화를 위해 기도할 준비가 되어 있는가?					
평가	이번주 총점					

"그러므로 내 사랑하는 형제들아 견실하며 흔들리지 말고 항상 주의 일에 더욱 힘쓰는 자들이 되라 이는 너희 수고가 주 안에서 헛되지 않은 줄 앎이라" (고전 15:58)

- 이번주 생일자는?
- 다음주 청년부 행사는?
- 이번 달 암송 구절과 필독서는?
- 이번주 소그룹 특이 사항은?
- 다음주 전도할 대상은?

12과
나의 하나님 나누기

로마서 15장 1~33절

당신의 하나님은 어떤 분인가?
어떤 사람은 사랑의 하나님이라고 할 것이고,
어떤 사람은 자비의 하나님이라고 할 것이다.
사랑의 하나님이라고 대답한 이유는
하나님께서 나에게 사랑을 주셨기 때문일 수 있고,
자비의 하나님이라고 대답한 이유는
하나님께서 나에게 자비를 원하신다고 생각하기 때문일 수 있다.
이처럼 우리는 하나님에 대해 다양하게 정의할 수 있다.
그것은 우리 나름의 신앙의 비밀 때문이다.
나는 하나님께 뭘 받았고,
그래서 하나님은 나에게 어떤 하나님이실까?
바울은 하나님을 인내와 위로와 소망의 하나님이라고 말한다.
그리고 이 하나님의 성품이 우리의 것이 되어야 한다고 말한다.
이 교훈의 비밀이 무엇인지,
그리고 이런 하나님을 알면 우리는 어떻게 살아야 하는지
본문을 통해 살펴보자.

말씀암송 | 로마서 15장 5,6절

이제 인내와 위로의 하나님이 너희로 그리스도 예수를 본받아 서로 뜻이 같게 하여 주사, 한마음과 한 입으로 하나님 곧 우리 주 예수 그리스도의 아버지께 영광을 돌리게 하려 하노라

|다가서기|

1. 하나님은 당신에게 어떤 하나님이신가? 빈칸을 채우고, 그렇게 생각한 이유를 자유롭게 나누어 보자.

"나의 하나님은 □□의 하나님이십니다. 그 이유는..."

인도자 가이드 |

각자가 생각하는 하나님의 상이 있다. 그것은 자신에게 뭘 주셨다든지, 가장 인상 깊은 어떤 에피소드가 있기 때문이다. 자신에게 가장 의미 있는 하나님의 성품이나 일하심 등을 나눌 수 있도록 도우라.

|깊이보기|

로마서 15장은 그리스도인의 실천적 사명과 선교적 사명에 대해 말한다. 1~13절은 그리스도께서 보이신 본을 따라 그리스도인이 세울 실천적 교훈을 말다. 14~21절은 로마서의 기록 목적과 이방인을 위한 사도로서의 자기 사역을 소개한다. 22~33절까지는 로마 교회 방문 계획과 목적, 그리고 예루살렘 교회 헌금 전달 등을 설명하면서, 믿음으로 구원받은 성도들이 어떻게 하나님의 사역에 동참할 것인가를 교훈하며 기도를 요청한다.

2. 이웃을 기쁘게 하고 선을 이루고 덕을 세우는 삶은 어떻게 하는 것인가?(1절)

말씀 살피기 |

믿음이 강한 우리는 마땅히 믿음이 약한 자의 약점을 담당하고 자기를 기쁘게 하지 아니할 것이라(롬 15:1)

인도자 가이드 |

이웃을 기쁘게 하고 선과 덕을 세우는 삶은 먼저 믿음이 강한 자가 믿음이 약한 자의 약점을 담당하는 것이다. 그리스도 안에서 이웃을 기쁘게 하는 것은 믿음의 사람이 먼저 믿음이 약한 사람의 필요를 채워주는 삶이다. 그러니 믿음 안에서의 화해는 잘못한 사람이 아니라 믿음이 좋은 사람이 먼저 용서를 구함으로 시작된다.

3. 성경이 기록된 목적은 무엇인가?(4절)

말씀 살피기 |

무엇이든지 전에 기록된 바는 우리의 교훈을 위하여 기록된 것이니 우리로 하여금 인내로 또는 성경의 위로로 소망을 가지게 함이니라(롬 15:4)

인도자 가이드 |

성경에 기록된 바는 우리에게 교훈을 주기 위한 것이다. 그것은 구체적으로 우리가 인내할 수 있도록, 혹은 성경의 위로로 소망을 가질 수 있도록 하려는 것이다. 결국 성경의 교훈은 우리가 약속의 그날까지 인내하며 버텨내도록 하기 위한 것이다.

4. 바울은 하나님께서 우리에게 원하시는 것이 무엇이라고 말하는가?(5~7절)

말씀 살피기 |

이제 인내와 위로의 하나님이 너희로 그리스도 예수를 본받아 서로 뜻이 같게 하여 주사, 한마음과 한 입으로 하나님 곧 우리 주 예수 그리스도의 아버지께 영광을 돌리게 하려 하노라, 그러므로 그리스도께서 우리를 받아 하나님께 영광을 돌리심과 같이 너희도 서로 받으라(롬 15:5~7)

인도자 가이드 |

하나님은 우리가 예수를 본받아 서로 인내와 위로의 뜻을 같이하고, 한마음과 한 입으로 하나님께 영광을 돌리며, 서로 용납하고 이해하기를 원하신다. 인내는 세상이 주는 환난에 대한 것이기도 하지만, 우리를 향한 사람들의 핍박에 대한 것일 수도 있다. 우리는 그리스도께서 우리를 받으신 것을 기억함으로 우리도 서로를 받아들이는 용납과 인내를 실천해야 한다.

5. 바울은 하나님을 인내(5절)와 위로(5절)와 소망(13절)의 하나님이라고 말한다. 당신은 당신의 하나님을 어떤 하나님이라고 말할 수 있는가? 그렇게 생각하는 이유는 무엇인가?

인도자 가이드 |

바울이 하나님을 인내와 위로와 소망의 하나님이라고 하는 것은 하나님께서 우리에게 간절하게 원하시는 것이 바로 인내와 위로와 소망이며, 하나님께서 그 인내와 위로와 소망을 주시는 분이시기 때문이다. 나의 하나님은 어떤 하나님이라고 말할 수 있는가도 이런 맥락에서 정의할 수 있도록 도우라.

6. 환난 가운데도 소망이 넘치는 삶은 무엇으로 가능한가?(13절) 당신은 이런 소망의 삶을 살고 있는가? 그렇지 못하다면 그 이유는 무엇이라고 생각하는가?

말씀 살피기 |

소망의 하나님이 모든 기쁨과 평강을 믿음 안에서 너희에게 충만하게 하사 성령의 능력으로 소망이 넘치게 하시기를 원하노라(롬 15:13)

인도자 가이드 |

소망이 넘치는 삶은 성령의 능력으로만 가능하다. 인간적인 사고와 경험으로는 진정한 소망을 가질 수 없다. 소망의 하나님께서 기쁨과 평강을 주실 때만 가질 수 있다. 불안과 걱정이 가득하다면 하나님께 내 마음을 맡겨야 한다. 모든 기쁨과 평강을 내 속에 충만하게 하시도록 기도해야 한다. 성도는 내 삶을 하나님께 실질적으로 맡기는 연습을 해야 한다.

7. 바울이 복음 사역을 하면서 유일하게 자랑할 수 있다고 말한 것은 무엇인가?(17,18절)

말씀 살피기 |

그러므로 내가 그리스도 예수 안에서 하나님의 일에 대하여 자랑하는 것이 있거니와, 그리스도께서 이방인들을 순종하게 하기 위하여 나를 통하여 역사하신 것 외에는 내가 감히 말하지 아니하노라 그 일은 말과 행위로(롬 15:17,18)

인도자 가이드 |

바울이 예수 안에서 하나님의 일에 대해 자랑하는 것은 하나님께서 이방인들을 위해 자신을 사용하신 것이라고 말한다. 지금까지 자기가 한 모든 사역을 성령께서 하신 사역으로 간주한다. 비록 자신이 많은 일을 했음에도 불구하고 모든 공로를 하나님께 돌리고 있다.

8. 바울이 로마로 가기를 원했지만, 먼저 예루살렘 교회로 가야 했던 이유는 무엇인가?(25,26절)

말씀 살피기 |

그러나 이제는 내가 성도를 섬기는 일로 예루살렘에 가노니, 이는 마게도냐와 아가야 사람들이 예루살렘 성도 중 가난한 자들을 위하여 기쁘게 얼마를 연보하였음이라(롬 15:25,26)

인도자 가이드 |

그 이유는 마게도니아와 아가야 성도들이 예루살렘 교회의 가난한 성도들을 위해 한 구제 헌금을 전달하기 위해서다. 바울은 이것을 '복음'이라는 영적인 빚을 졌기 때문에, '헌금'이라는 육적인 것을 나누는 것이라고 설명한다(27절).

9. 바울은 선교의 사역을 위해 로마 교회가 함께 할 수 있는 방법을 가르쳐 주고 있다. 그것은 무엇인가?(30절)

말씀 살피기 |

형제들아 내가 우리 주 예수 그리스도와 성령의 사랑으로 말미암아 너희를 권하노니 너희 기도에 나와 힘을 같이하여 나를 위하여 하나님께 빌어(롬 15:30)

인도자 가이드 |

바울의 사역에 동참하는 방법은 그의 사역을 위해 함께 기도하는 것이다. 기도는 성도가 선교 사역을 함께 할 수 있는 방법이기 때문에 위대하다. 그러므로 사역에 동참하는 방법은 헌금과 기도라고 할 수 있다. 이 두 가지 도구는 우리 모두 하나님 나라를 위해서 일할 수 있는 수단이 된다.

|다짐하기|

10. 좋으신 하나님을 드러내기 위해 내가 할 수 있는 일은 무엇이고, 어떻게 실천할지 구체적으로 나누어 보라.

인도자 가이드 |

바울은 하나님을 인내와 위로와 소망의 하나님이라고 말한다. 환난 가운데 있는 성도들에게 하나님은 인내와 위로와 소망을 주시는 분이시기 때문이다. 우리도 바울처럼 나의 하나님을 사람들에게 나눌 수 있어야 한다. 헌금과 기도를 통해, 직접적인 선교 사역의 동참을 통해 우리도 우리에게 구원을 주신 좋으신 하나님을 나눌 수 있다.

|관점얻기|

그리스도를 본받아 서로 용납함(1~13절)

믿음이 강한 자는 믿음이 약한 자를 돌봐야 한다(1절). 성도는 그리스도께서 자기를 기쁘게 하지 않으신 것처럼, 이웃을 위해 선과 덕을 세워야 하고, 그리스도를 본받아 서로를 용납해야 한다. 이것이 성도가 착하게 살아야 하는 이유다.

성경이 기록된 목적은 성도의 교훈을 위한 것이고, 모든 인내와 위로로 소망을 가지게 하려는 것이다(4절). 성도는 인내와 위로의 하나님을 본받아 서로 뜻을 나누어야 한다(7절). 그 뜻이란 그리스도께서 우리를 용납하신 것처럼 서로를 용납하는 것이다. 그리스도의 구속 사역은 유대인과 이방인 모두가 하나님께 영광을 돌리게 하기 위한 것이다. 그래서 바울은 로마 교회의 성도들이 이런 믿음 안에서 기쁨과 평강이 충만하여 소망이 넘치기를 기원하고 있다.

복음의 제사장 직분(14~21절)

바울은 로마 성도들이 선함이 가득하고 서로 권할 수 있는 능력이 있음을 인정한다. 하지만 다시 한번 알고 있는바를 상기시키기 위해서 로마서를 쓴다고 강조한다(15절). 바울은 자신이 이방인을 위한 그리스도의 일꾼으로, 복음의 제사장 직분을 감당하는 자라고 말한다. 이 복음의 직무는 자신의 노력과 희생이 아니라 성령께서 친히 역사하신 것이라고 말한다.

바울은 로마와 그 서쪽 지역을 제외하고는 온 땅을 두루 다니며 그리스도의 복음을 전했다(19절). 그것은 주의 복된 소식을 듣지 못한 자들에게 복음을 들려주기 위해서였다. 복음을 전함으로 하나님과 이방인을 화해케 하는 것이 복음의 제사장 직분이다.

복음 사역에 동참하는 일(22~33절)

22~33절은 바울의 로마 방문과 그 목적을 기록하고 있다. 바울은 여러 차례 로마를 방문하고자 했지만, 그럴 수 없었다. 그래서 몇 해 전부터 서바나로 가는 길에 로마를 들러, 성도들과 교제하고, 성도의 후원으로 서바나로 파송 받기를 원하고 있다(23,24절). 그러나 지금 당장은 예루살렘 교회로 먼저 가야 한다고 말한다. 그 이유는 마게도니아와 아가야 지역의 교회 성도들이 예루살렘 교회의 가난한 성도들을 위해 모은 구제 헌금을 전달하기 위해서다. 예루살렘 방문 후 로마로 가겠다고 약속한다. 이러한 헌금은 그리스도의 사랑과 복음을 받은 자가 사랑의 빚을 갚는 좋은 방법이다.

바울은 마지막으로 헌금 전달과 로마 방문을 위해 기도를 요청한다(31,32절). 그의 기도 제목은 첫째, 예루살렘에서 유대인들로부터 화를 당하지 않도록, 둘째, 구제 헌금이 예루살렘 교회 성도들에게 잘 전달되도록, 셋째, 로마 교회 성도들과 만나 온전한 쉼의 교제를 나눌 수 있게 해 달라는 것이다. 바울의 이런 교훈을 통해 깨닫는 것은 성도가 선교 사역에 동참하는 방법은 헌금과 기도라는 사실이다.

|청년 자기 체크리스트|

아래의 체크리스트를 가지고 오늘 소그룹 모임에 임한 자신의 태도를 충분히 점검해 보라.

	점검 사항	5	4	3	2	1
준비 및 예습	본 과를 준비하면서 충분히 예습은 하였는가					
	각 과의 분명한 목적은 알고 모임에 임했는가?					
	성령께서 나를 만지시도록 기도로 준비하였는가?					
	소그룹원들을 위해서 중보하였는가?					
	리더를 위해서 중보하였는가?					
	나를 변화시키실 하나님을 기대하는 마음으로 임했는가?					
참여 및 자세	적극적으로 질문과 대답에 참여했는가?					
	정직하게 자신을 오픈했는가?					
	지체들의 발표에 사랑하는 마음으로 공감적 경청을 하였는가?					
	모임 중 성령의 인도하심을 계속적으로 기도했는가?					
	하나님께서 원하시는 것이 무엇인지 분명히 알았는가?					
	발견된 진리를 삶과 인격에 적용하기로 결단했는가?					
	이번주에 중보할 지체를 발견했는가?					
적용 및 결단	삶과 인격 변화를 위한 이번주 자신의 적용은 구체적인가?					
	배운 내용이 삶의 상황에 분명히 적용되었는가?					
	소그룹 모임에 대한 만족감이 있었는가?					
	배운 내용을 분명하게 정리했는가?					
	이번 과의 주제와 목적을 분명히 알게 되었는가?					
	삶과 인격의 변화를 위해 기도할 준비가 되어 있는가?					
평가	이번주 총점					

"그러므로 내 사랑하는 형제들아 견실하며 흔들리지 말고 항상 주의 일에 더욱 힘쓰는 자들이 되라 이는 너희 수고가 주 안에서 헛되지 않은 줄 앎이라" (고전 15:58)

- 이번주 생일자는?
- 다음주 청년부 행사는?
- 이번 달 암송 구절과 필독서는?
- 이번주 소그룹 특이 사항은?
- 다음주 전도할 대상은?